W0403356

Alle Rechte vorbehalten! All rights reserved! Tous droits réservés!
Seminare Beratung Spirituelle Kunst Energy-Training
Original Horus® Energiepyramiden® Kyborg® Institut
®Alke GmbH Spirituelle Kunst & Magie

NUMEROLOGIE KABBALAH TAROT SYMBOLIK

ESOTERIK BAND 1

D. HARALD ALKE
KYBORG-INSTITUT

CIP-Einheitssachtitel der Deutschen Bibliothek

Alke, Detlef Harald
Einführung in die Esoterik / D. Harald Alke. -
Flörsheim-Dalsheim : Kyborg Institut & Verlag

1. Numerologie, Kabbalah und Tarot 1991
2. Numerologie, Kabbalah, Tarot und Symbolik,
   wesentlich erweiterte Aufl. 1993
3. vollständig überarbeitete und tabellarisch erweiterte Auflage 2000

© 1991/1993/2000 by D. Harald Alke
Kyborg Institut & Verlag
D-67592 Flörsheim-Dalsheim Silvanerring 17
Postfach 20 Tel. 06243-7057 Fax. 7058
eMail: Kyborg@t-online.de internet: www.alke.org

Alle Rechte der Nutzung und Verbreitung, als Ganzes oder in Teilen, auch durch Funk, Fernsehen, Fotokopie, auf Tonträgern, sowie die Abspeicherung in Datenerfassungsanlagen, ebenso die Übersetzung in andere Sprachen ausdrücklich vorbehalten!

**Wer nicht Schritte tut,
um die Wirklichkeit kennenzulernen,
der geht mich nichts mehr an;
denn ich bin nicht dazu da,
Sie geistig zu unterhalten.**

Johannes Müller, Elmau 1936

ISBN 3-924722-03-X

Kyborg® Institut & Verlag Schweiz
Mats Björkman CH-8505 Pfyn
Unterer Chruchenberg 6
Tel +41 (0)52 765 20 00
Fax +41 (0)52 765 20 13
www.energiepyramiden.ch
info@energiepyramiden.ch

"Habe nun ach! Philosophie,
Juristerei und Medizin,
und leider auch Theologie
durchaus studiert mit heißem Bemühn.
Da steh ich nun, ich armer Tor!
Und bin so klug als wie zuvor;
heiße Magister, heiße Doktor gar,
und ziehe schon an die zehn Jahr
herauf, herab und quer und krumm
meine Schüler an der Nase herum -
und sehe doch nur,
daß wir nichts wissen können!
Das will mir schier das Herz verbrennen.
Zwar bin ich gescheiter als alle die Laffen,
Doktoren, Magister, Schreiber und Pfaffen;
mich plagen keine Skrupel noch Zweifel,
fürchte mich weder vor Hölle noch Teufel -
bild mir nicht ein, was Rechtes zu wissen,
bild mir nicht ein, ich könnte was lehren,
die Menschen zu bessern und zu bekehren...
Drum habe ich mich, weil nichts geblieben,
schließlich der Magie verschrieben,
daß mir durch Geistes Kraft und Mund
manches Geheimnis würde kund;
daß ich erkenne was die Welt
im Innersten zusammenhält,
schau alle Wirkenskraft und Samen
und tu nicht mehr in Worten kramen..."

Goethe, Faust 1

Vorwort

Wir sind Früchte vom Baum des Lebens.
Du mußt sie pflücken wie Du es begreifst.
Öffne den Schoß Deiner Sinne,
um das Universum zu empfangen.
Die Welt muß erneuert werden,
vor allem ihr selbst!
Horus

Solange es Leben gibt in all seinen vielfältigen Formen, solange gibt es ein Interesse, sich mitzuteilen, Erfahrungen auszutauschen und neue Gedanken hinzuzufügen. Das gilt keineswegs nur für uns Menschen. Es gilt für jede Lebensform. Es mag hier auf Erden eine spezielle Eigenart des Menschen sein, rational und analytisch zu denken. Aber auch das kleinste Tier ist bereits in der Lage, seine Umgebung zu analysieren, auf eine instinktive, intuitive Art. Und wer es gelernt hat, mit Pflanzen zu kommunizieren, wird entdecken, daß auch die Pflanzen ihre Umwelt wahrnehmen und erkennen wer oder was gut für sie ist oder nicht.
Gerade heute morgen hörte ich von einer Gruppe internationaler Bildhauer und Steinmetze, daß diese von sich selbst sagen: "Der Künstler muß mit dem Stein sprechen. Nur wenn er mit dem Stein spricht, wird er seine Eigenarten erkennen und daraus ein Bild formen, daß gefällt, weil es nicht nur eine Idee des Künstlers, sondern auch die Eigenarten des Steins zum Ausdruck bringt." Diese Männer gehen also noch weiter in die "harte Materie" hinein, nicht nur bis zu den Pflanzen.

Bei der Frage, wie wir die Natur verstehen und mit ihr sprechen können, hat sich zu allen Zeiten die Frage erhoben, ob es denn einfache, grundlegende Gesetze gibt. Ja. Es gibt sie! Bereits vor einigen tausend Jahren, als unsere "moderne Kultur" begann, machten sich die Schamanen, die Priester, Magier und Astrologen Gedanken über verborgene Gesetze, die alle Lebensprozesse dirigieren.

Man sagte bereits vor 5000 Jahren im alten Ägypten oder vor 3000 Jahren im alten Israel, daß Dinge, die einander gleich sind, auch gleiche Kräfte oder Gesetze enthalten müssen. Man konnte beobachten, daß die Sterne die Geschicke der Menschen beeinflussen. Man konnte erkennen, daß es ohne Sonne kein Leben in unserer Art geben würde. Man erkannte, daß der Mond die Perioden der Fruchtbarkeit reguliert, draußen die großen Wasser der Meere und im Menschen die Periode der Frau.

Ein früher Ausspruch sagt: "Der Mond füttert die Austern!" (Lucilius, 150 v.C.) Denn man erkannte die Zusammenhänge der Gezeiten.

Man erkannte ebenso, daß der gewaltige Planet Jupiter als Geburtsstern "seinen Kindern" mehr Energie verleiht als die "heiße Venus" oder der "eiserne Mars". Über den Beobachtungen der Sterne erkannten die alten Weisen bereits Kreisläufe und mathematische Gesetze. Sie erkannten die Sternenbilder, Konstellationen besonderer Kraft. Sie lernten Zeichen zu machen, die ihre Schüler verstanden. So entstanden zuerst die Höhlenmalereien, später Hieroglyphen, Keilschrift, Symbole, Schrift und Zahl.

Unsere Kultur hat viel früher angefangen, als viele heute denken. Es gab schon Menschen lange vor den von unseren Forschern festgelegten Zeiten. Ich sage nicht gerne

"Wissenschaftler". Ob das, was diese Leute tun, Wissen schafft, sei dahin gestellt. Aber Forscher sind sie zweifellos. Sie sind auf der Suche, auf ihre Weise.
Damit will ich keineswegs alle Forscher disqualifizieren. Z.B. im Bereich der Physik, Elektronik, Chemie, Gentechnologie usw. werden neue Wege beschritten, die genau so legitim und interessant sind wie die Astrologie oder Homöopathie, die Alchimie oder das Schmiedehandwerk vor 1000 Jahren und z.T. noch heute! Was Forschung behindert ist die Überheblichkeit des Forschers.
Im Bereich der Altertumsforschung und in der Einschätzung früherer Kulturen täte man gut daran, den früheren Kulturen mehr zuzutrauen. Heutige, vor allem westliche und christliche Forscher haben eine anerzogene Arroganz. Sie bilden sich ein, die größten zu sein und alles alte, vergangene war scheinbar geringer. Sie wissen nicht einmal, daß sie so überheblich sind. Das ist das eigentliche Problem. Es gilt zu erkennen, daß Wissen immer nur ein Teilwissen ist!
In diesem Buch wird es immer wieder um die geheimen, nicht offensichtlichen Zusammenhänge gehen. Darum möchte ich hier gleich ein interessantes Beispiel für die unterschiedliche Logik geben, mit der man ein und das gleiche Forschungsergebnis betrachten kann:
In den vergangenen 2 Jahren kursiert wieder ein derartiges Ammenmärchen aus höchster Wissenschaft durch die Medien. Man hat jetzt entdeckt, daß es beim Menschen bei 4 verschiedenen menschlichen Kulturkreisen in Europa und Asien in den extrachromosomalen Erbbausteinen 4 verschiedene DNA-Muster gibt. Alle 4 DNA-Muster findet man zusammen in den Knochenresten in Zentral- und Südafrika. Daraus schließt die Mehrzahl der Forscher, die sich

laut zu Wort melden, daß die Wiege der Menschheit in Südafrika stand. Von dort sind die Vorfahren dann ausgewandert bis nach Europa, Persien, China und in die Mongolei.

Dabei haben sie alle je 3 DNA-Muster verloren und rein zufällt nur eines für sich allein übrig behalten! Tolle Leistung. Ich frage mich, wie das gehen soll. Wenn die Natur schon 4 verschiedene Erbmuster entwickelt hat, warum sollte sie dann auf einer Wanderung systematisch je 3 verschiedene wegwerfen und überall nur das eine übrig behalten, so daß dann alle 4 schön brav verteilt über Eurasien in 4 verschiedenen genetischen Gruppen benutzt werden und die verlorenen 3 nicht wieder auftauchen?
Da jede Frau nur eines dieser Muster besitzt, diese Bausteine auch nur von der Mutter auf die Kinder vererbt werden, ist also jede menschliche Rasse aus einer einzigen "Eva" hervorgegangen. Wieso dann die 4 Evas aus Südafrika losgezogen sind, um nur ihre einzige Erbmasse bis nach Asien oder Europa zu tragen, bleibt unklar. Offenbar hat es unterwegs auch keine Konkurrentin gegeben (durch all die 100.000 Jahre!), mit der sich die Männer, womöglich nur je 1 Adam, hätten paaren können.
Man braucht sich nicht anzustrengen, um zu erkennen, daß nur umgekehrt ein Schuh daraus werden kann! Die Natur hat offensichtlich bei der Entwicklung des Menschen 4 verschiedene Wege beschritten, was bei ähnlichen Baumustern in 4 ganz weit von einander entfernten Regionen mit unterschiedlichen klimatischen Bedingungen und verschiedener Ernährung sehr wohl vorkommen kann. Die nördlichen Regionen der Erde waren vor 100.000 Jahren sehr kalt. Die

Winter dauerten bis Mai und die Erde war vereist vom Polargebiet bis zu den Alpen und bis ans schwarze Meer.
Die Menschen wollten leben. Was liegt wohl näher, daß diese Nomaden jedes Mal wenn der Winter kam etwas weiter nach Süden zogen, wo es länger warm blieb? Nach und nach fanden sich Gruppen von allen Rassen und allen 4 verschiedenen DNA-Mustern aus Asien und Europa in Südafrika ein, wo man immer Sommer hatte und satt zu essen. Sie vermischten sich und paßten sich an. Aus diesem Grund finden wir heute in Afrika alle DNA Muster, in den Herkunftsländern jeweils nur eines. Das ist die einzige Logik die paßt!
Was uns hier als echte Wissenschaft präsentiert wird, ist also nur die Neuauflage des Ammenmärchens von Adam Kadmon, d.h. Mann aus Erde, von Gott aus Lehm geformt, und seiner Eva. Die Urheber der Afrika-Theorie können sich nicht vorstellen, daß die kosmische Botschaft zur Entwicklung des Menschen aus höheren geistigen Dimensionen auf die Lebewesen eindringt und an vielen Stellen gleichzeitig aus anderen geeigneten Lebensformen den Menschen hervorbringt. Aber genau das ist es!
Der erste Wissenschaftler, der das diskutiert hat, ist wohl Rupert Sheldrake mit seinen "morphogenetischen Feldern" gewesen. Die Veränderung einer Rasse in eine andere passiert nicht in einer einzigen "Eva", sondern eben in vielen Individuen einer Rasse, wenn die Zeit dafür reif ist. Nebenbei kommt das jüdische Wort "Eva" von "heve" und heißt schlicht und einfach "Schoß", der weibliche Schoß. Na ja, aus dem sind wir wirklich alle gekommen, aber es war sicher nicht nur einer. Da haben spätere Geschichtsschreiber die Sache wohl etwas spießbürgerlich interpretiert.

Sie sehen, die Beschäftigung mit den okkulten (d.h. verborgenen, im Dunkel liegenden) Zusammenhängen, kann durchaus amüsant sein. Wir werden zu Ergebnissen kommen, die viele Ungereimtheiten aufklären. Durch die Hinzunahme der esoterischen Lehren gewinnt unser Leben und unsere Einsichten in dieses Leben an Tiefe.

Die indische Hochkultur begann vor ca. 10.000 Jahren, also ca. 8.000 v.C. Zu dieser Einsicht kam ich vor rund 24 Jahren, kurz nachdem ich mit Kundalini Yoga angefangen hatte. In meinem Inneren stiegen Visionen auf, Erinnerungen an meine früheren Erdenleben. Kurz zuvor hatte ich noch nicht einmal davon gehört, daß es so etwas wie Reincarnation geben könnte. Ich war brav, fromm und dumm erzogen worden wie alle christlichen Westeuropäer.

Kaum hatte ich ein paar Lektionen des indischen Kundalini Yoga erhalten, öffnete sich mein drittes Auge und unglaubliche Informationen strömten auf mich ein! Ich gewann die ersten Einblicke in den Akasha, den Schwingungsäther, in dem alles gespeichert ist, was je in diesem Universum geschah, geschieht und noch geschehen wird. Es ist alles da. Du mußt es nur zu lesen verstehen.
Erst jetzt, 1998, entdeckten Forscher in Südindien Tontäfelchen in einem alten Hafengebiet, die meine damaligen Einsichten beweisen. Meine Kollegen an der Universität hielten mich für verrückt, und ich lernte schnell den Mund zu halten. Man kann mit ein paar Blinden nicht über die Farbenvielfalt einer Frühlingswiese diskutieren und nicht über Picasso reden. Nun, gerade jetzt am Ende des letzten

Jahrtausend wurde also "wissenschaftlich" belegt, daß es bereits ca. 8.000 v.C. in Südindien eine Mathematik gab, Rechnungen mit 2 Unbekannten (sic!), Buchhaltung für den Handel usw. Es wurde eine schmale Holzschachtel gefunden mit kleinen Gewichtssteinen, rein zufällig in den Gewichten 1g, 2g, 4g, 8g, 12g und 20g. Das tut schon weh. Wieviel haben wir eigentlich in den vergangenen 10.000 (zehntausend!) Jahren dazu gelernt ... oder vergessen?

Numerologie

"Das Entscheidende ist euer Bewußtsein.
Euer Bewußtsein wächst mit der Liebe.
Die Zunahme von Bewußtsein bringt
euch voran auf eurem Weg zu den
Sternen, von denen ihr gekommen seid.
18.7.95 Horus

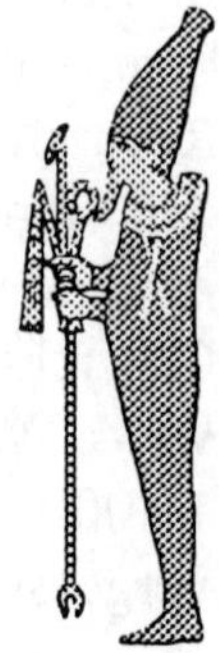

Die Numerologie war der Anfang der Mathematik wie wir sie heute kennen. In alten Zeiten sahen die Menschen stets die inneren und äußeren Zusammenhänge in der sie umgebenden Welt. Alles, was sich ereignete, wurde bestimmten Naturkräften, Göttern, Dämonen und natürlich den Sternen zugeordnet.
Dafür brauchte es einfache, verständliche Symbole. Auf diesem Wege konnten Erfahrungen weitergegeben werden, ohne daß jeder Mensch wie in der Urzeit erst die neue Erfahrung selbst machen mußte! Wenn wir heute in Büchern nachlesen was andere Menschen vor uns erlebt und herausgefunden haben, dann können wir darauf aufbauen und brauchen nicht unbedingt alte Fehler zu wiederholen oder schmerzliche Erfahrungen zu erleiden, nur weil wir diese Menschen nicht persönlich kannten.
Die älteste Buchhaltung bestand also bereits im alten Indien rund 8.000 v.C. Die alten Assyrer und Perser waren sicher genau so intelligent und nur weil deren Bibliotheken weitgehend vernichtet wurden, brauchen wir Ihnen keinen Mangel an Wissen zu unterstellen. Beim Brand der Bibliothek von Persepolis wurden mindestens 6.000 fein gegerbte Rinderhäute, eng beschrieben mit dem geheimen Wissen der persischen Priester ein Raub der Flammen. Nach

anderen historischen Angaben sollen es sogar ca. 20.000 Rinderhäute gewesen sein. Die altpersischen Priester aus der Kulturepoche des Sonnengottes Ahura Mazda trugen übrigends den Namen oder Titel eines "Magus". Daher kommt noch heute der Begriff des Magiers, ebenso der spätere lateinische Begriff Magnus, der Große.
Die größte und älteste Buchhaltung ist uns aus Babylon überliefert. Man hatte eine ausgefeilte Keilschrift, eine umfassende Astrologie, kannte die Bilanz-Buchhaltung und es gab ein Banken- und Kreditwesen. Es ging den Menschen damals besser als heute. Per Gesetz durch die Hohepriester und den König war es nämlich verboten, Wucherzinsen von mehr als 15% oder höhere Steuern zu erheben. Das sollten sich heute unsere Regierung und der ganze Banken-Beamtenapparat einmal zu Herzen nehmen.
Wir können also davon ausgehen, daß Schrift und Zahl aus der früheren Hochkultur von Atlantis, die ziehmlich genau 10.500 Jahre v.C. unterging weitergereicht wurden zur frühen Hochkultur in Südindien und sich dann von dort in alle Richtungen ausbreiteten. Die Geheimnisse der Astrologie, die Fähigkeit die Sterne zu lesen, um den eigenen Weg zu finden, für die Navigation auf den Meeren, ohne Kompaß und der Wunsch, die Zukunft zu erkennen, waren wichtige Beweggründe für die Entwicklung einer Schrift. Hinzu kam die Notwendigkeit, den florierenden Handel zu kontrollieren. Daraus entstand die Buchhaltung und das Geld- und Kreditwesen.
Aus diesem Grunde entstanden also in alten Zeiten Symbolzeichen, Schrift und Zahl. Die Kultur der Ägypter war mindestens so hoch entwickelt wie die von Babylon. Es war eine gelungene Mischung aus Planwirtschaft und freier Marktwirtschaft.

Die alten Griechen kamen erst wesentlich später. Sie hatten keine Zahlen und verwendeten Buchstaben auch als Zahlen. Sie übernahmen das Alphabeth der Phönizier und veränderten es. Die Juden maßen jedem Buchstaben eine Bewertung zu, einen Zahlenwert. Das schuf bei späteren Übersetzern jede Menge Verwirrung. Je weniger die Übersetzer in späteren Jahrhunderten von der Magie und der Naturauffassung der alten Völker wußten, desto fragwürdiger wurden manche Übersetzungen. Darauf werden wir später noch genauer kommen.
Bei dem was wir heute als Numerologie kennen, handelte es sich um einen Ausschnitt der großen alten Wissenschaft der Magie. Denn damals, als alles Wissen der Menschheit in den Händen von Schamanen, Magiern und Priestern lag, fühlte man stets auch die Kräfte, die in einem Symbol oder durch ein Symbol wirken.
Jeder Zahl wurde also ein Himmelskörper zugeordnet. Sterne und Planeten waren und sind auch heute noch Hinweise auf übergeordnete Kräfte, die uns beeinflussen. Die Erforschung und Anwendung dieser Zusammenhänge nennen wir seit langer Zeit Astro-Logie, weil in dem Wirken der Himmelskörper eine innere Logik steckt.
Die Numerologie sagt aus, daß alles, was im Zeichen einer bestimmten Zahl steht, einem bestimmten Himmelskörper zugeordnet ist. Denn wenn wir eine gleiche Bezeichnung verwenden, dann muß auch in dem Ereignis oder der Sache etwas Gleiches stecken!
Die Numerologie reduziert bereits das ganze Universum auf bestimmte, elementare Einheiten. In diesem Punkt ist der Erkenntnisweg der Numerologie also äußerst modern: Er zeigt Parallelen zum Denken der Quantenphysiker. Die Quantenphysiker erkennen, daß alles aus den gleichen

kleinen Bausteinen geschaffen ist. Wenn alles in gleichartige Bauteile zerfällt, in die Subelementarteilchen, die Quarks, dann fragt man sich, warum aus einer Ansammlung von Quarks einmal ein Felsen wird und ein anderes Mal ein Mensch. Es gibt übrigends 8 verschiedene Quarks (Subelementarbausteine).
Die Existenz dieser Elementarbausteinchen, aus denen jede Art von Materie besteht, wurde bereits ca. 1.500 v.C. in den ersten indischen Aufzeichnungen niedergeschrieben (in den Upanishaden). Die Tatsache, daß die Inder der Neuzeit erst vor 3.500 Jahren dazu übergingen, ihr Wissen aufzuschreiben, ist kein geistiges Armutszeugnis. Es war in Indien üblich, daß der Lehrmeister sein gesamtes Wissen in Versform auswendig wußte und seinen Schülern zuerst das Geheimnis der Schwingungslehre vermittelte, ein spezieller Teil des Yoga (Nada Brahma und der Klang des Akshara), um ihnen dann sein Wissen vorzutragen. Als das Mahabharata niedergeschrieben wurde, umfaßte es bereits ca. 380.000 Verse mit je 4 - 6 Zeilen. Die Meister beherrschten es auswendig. Heute sind es 384.000 Verse. Es sind also in den vergangenen rund 3.500 Jahren 4.000 Verse hinzugekommen. So etwa einer pro Jahr.
Die Alchimisten, die ebenfalls bereits **Alles in Allem wiedererkennen,** hatten die gleichen Vorstellungen. Die Lehre, daß **Alles in Allem enthalten ist,** finden wir bereits vor ca. 3.000 Jahren in China niedergeschrieben. 1400 nach unserer Zeit berichten die europäischen Alchimisten wiederum das Gleiche. Sie gingen vom Wissen der Araber und Juden aus. Araber und Juden hatten ihr Wissen aus Babylon und aus Ägypten. Von besonderen Leistungen und eigenständigen Wissenschaftssystemen brauchen wir weder bei den Arabern, noch bei den Juden zu sprechen. Sie haben es

nur von den vorangegangenen Hochkulturen übernommen. Die Lehre von "Alles in Allem" war allen großen Weisen bekannt, ganz gleich aus welcher Hochkultur sie stammen. Numerologie und die Idee, daß alles aus wenigen Bausteinen erschaffen ist, taucht also in allen Hochkulturen der Menschheit auf.

In der Bibel heißt es **"Am Anfang war das Wort, und das Wort war bei Gott, und Gott war das Wort!"** Am Anfang war also eine Schwingung, reine Energie, ein Klang, und Gott war diese Schwingung, dieser Klang!

Das Wort ist gleichbedeutend mit einer durch unseren Mund verursachten Schwingung. Und die Erkenntnis, daß am Anfang ein Klang, ein Dröhnen das Universum erfüllte, daß Klang auch Schwingung bedeutet und Energie ebenfalls schwingt, ist für eine Zeit vor ca. 3.000 Jahren, als die Bibel ansatzweise aus noch älterem Wissen entstand (!) geradezu futuristisch!

Neben den sicherlich geschönten Erbfolgegeschichten und Heldentaten des jüdischen Volkes basiert die Bibel auf anderen Schöpfungsmythen und Religionsauffassungen aus Babylon, Chaldäa und vor allem Ägypten.

Doch sollten wir beachten, daß die Bibel in etwa zur gleichen Zeit entstand, als die chinesischen Alchimisten ihre ersten Lehrbücher aufzeichneten. Zur gleichen Zeit war man in Ägypten mit dem Bau großartiger Tempel und Pyramiden beschäftigt. Es sieht so aus, als wenn der Zeitraum ca. 1.000 Jahre vor unserer Zeit (3.000 Jahre zurück) der ganzen Menschheit weltweit einen Auftrieb gab. Und das, obwohl die Beziehungen zwischen den verschiedenen Völkern noch gering waren.

In diesem Zusammenhang sprechen die Weisen Indiens vom Akasha, dem Schwingungsäther, in dem alles gespeichert ist was in diesem Universum geschieht, und vom Akshara, was die Hintergrundschwingung des Universums ist, die alles durchdringt. Im Akshara sind alle grundlegenden Prinzipien und alle göttlichen Gesetze gespeichert. Wem es gelingt, sich mit dieser Hintergrundschwingung des Universums in Gleichklang zu bringen, "vor dem liegen alle Geheimnisse und das Weltengedächtnis (Akasha) wie ein offenes Buch".

Interessanterweise sprechen auch die modernen Astrophysiker von einer Hintergrundschwingung des leeren Raumes. Sie beginnt ab 10^{-9} nm.
Die Numerologie geht davon aus, daß sich das ganze Universum in Zahlen, Symbolen und Werten erfassen läßt. Das sagen auch die Physiker! In der hier von mir beschriebenen Form können wir sie als "Astrologie des kleinen Mannes" bezeichnen. Die Masse der Menschen hatte damals wie heute nur geringes Wissen. Doch wer kennt sich heutzutage tatsächlich in der Physik aus? Auch so gut wie niemand. Diese Art der Numerologie ist schon relativ alt. Wie alt, weiß ich nicht. Jedenfalls lernte ich sie in Indien vor längerer Zeit kennen, und dort ist sie auch heute noch gebräuchlich. Mein erster indischer Lehrer Ishwaran war sehr versiert in diesen Dingen. Bitte beachten Sie, daß in der indischen Numerologie der Planet Uranus erwähnt wird, der hier in Europa erst 1930 entdeckt wurde und Neptun, der erst 1845 entdeckt wurde! Die indischen Brahmanen hatten also Kenntnis von Planeten, die wir erst 1000 Jahre später mit Fernrohren entdeckten!

Die Numerologie in dieser Form wurde um 1900 das erste Mal in den Westen gebracht und zwar durch den Weltreisenden Graf Cheiro. Sie hat natürlich nicht die Tiefe einer mystischen Einweihungslehre wie z.B. die Kabbalah, auf die wir noch später kommen. Trotzdem denke ich, daß die Numerologie gut geeignet ist, um andere interessante Aspekte und Zusammenhänge in unserer Welt zu erkennen, als es uns das Schulwissen erlaubt.
Ich habe diese Lehre keineswegs gleich "geglaubt". Im Gegenteil, ich war sehr skeptisch. Sollte es mit so simplen Methoden möglich sein, Rückschlüsse auf die Eigenschaften fremder Menschen zu gewinnen? Ich machte mir dann die Mühe, über einige Jahre hinweg Geburtsdaten zu sammeln und andere Ereignisse zu beobachten. Auf diese Weise konnte ich mich überzeugen, daß die Numerologie für schnelle, kurze Analysen gut geeignet ist! Sie wird immer interessante Tendenzen aufzeigen, und das ist schon eine ganze Menge, wenn wir in der Lage sind, die Hinweise intuitiv zu deuten. Unser Weltbild wird umfassender, runder und weitreichender. Wir können viel mehr ins Detail gehen als ohne dieses alte Rechensystem. Wir gewinnen Informationen über die nicht offensichtlichen Faktoren. Die Numerologie kann uns Aufschluß geben über Veranlagungen und Beweggründe eines Menschen, ebenso über die wesentlichen Entwicklungstendenzen im jetzigen Leben und über das Karma, daß er aus früheren Leben mitbringt.
Im Gegensatz zu anderen esoterischen Techniken brauchen wir für die Numerologie nicht unseren Verstand auszuschalten, sondern wir können ihn gerade gut gebrauchen. Auch aus diesem Grund halte ich es für sinnvoll, die Numerologie am Anfang einer esoterischen Schulung zu

verwenden und zu studieren. Später können höherwertige Methoden hinzukommen.

Die von der Numerologie geforderte aufmerksame Beobachtung innerer Zusammenhänge ist eine gute Schulung unseres Verstandes und unserer Beobachtungsgabe. Auf diesem Wege ist sie durchaus nützlich für den Alltag in unserer materiellen Welt. Der Verstand wird ja in der westlichen Welt primär mit "Fakten-Wissen" programmiert und soll nur das glauben, was "bewiesen ist". Wenn unser Verstand u.a. durch die Ergebnisse der Numerologie entdeckt, daß es noch ungeahnte Horizonte gibt, ist er eher bereit, auch andere neue, fremde Erfahrungen aufzunehmen. Die Numerologie kann also als Beginn einer echten Bewußtseinserweiterung angesehen werden.

Natürlich gibt es noch einige andere Formen der Numerologie. In den USA haben sich viele Menschen mit Esoterik beschäftigt. Einige Autoren haben neue Bücher mit neuen numerologischen Systemen geschrieben. Das ist alles ganz nett. Aber mir waren diese Werke nicht überzeugend genug.

Achten Sie bei der Numerologie auf die innere Logik und auf sinnvolle Verbindungen zum Tarot. Danach probieren Sie einfach aus, wie weit Sie damit kommen! Ich bin mit diesem System jedenfalls gut gefahren. Ich sehe viele Bezüge zu dem alten Wissen, daß ich in mir geweckt habe, und es gibt viele Zusammenhänge zu den Geheimnissen des Akasha, die ich zu lesen verstehe. Die elementare Numerologie läßt nur die einfachen Zahlen von 1 - 9 gelten.

Neben der heute geläufigen Mathematik gibt es noch eine alte, **okkulte Zahlenmagie.** Okkult bedeutet dunkel, verdeckt oder geheim. In der okkulten Zahlenmagie ist die Null Symbol für das Ei - O -, für das Universum an sich, als eine geschlossene Blase, eine Einheit. Wie im Großen, so im Kleinen: Sie ist gleichzeitig ein Symbol für einen abgeschlossenen Entwicklungszyklus. In diesem Sinne las der alte Magus also die Zahl 10 als "eins aus dem Ei". Das bedeutete, daß hier jemand oder etwas einen Entwicklungszyklus abgeschlossen hatte und sich nun auf der 1. Stufe des neuen Zyklus befindet.

Da wir heute nur noch in seltenen Fällen nachvollziehen können, was sich Schreiber im Altertum oder im Mittelalter dabei gedacht haben, wenn sie ihre Texte verfaßten, werden wir also kaum je erfahren, wie ihre Zahlenangaben im einzelnen Fall gemeint waren. Wir werden allen archäologischen Versuchen zum Trotz nie genau klären können, was sie gemeint haben, weil in der Regel sehr viele ihrer Geschichten eine Mischung aus Märchen, Erfahrung, Realität und Magie waren.

Die Zahl 20.000 würde in diesem Sinne bedeuten, daß jemand, z.B. ein König, 4 Entwicklungsstadien erfolgreich durchlaufen hatte und sich nun auf der 2. Stufe in seinem 5. Stadium befand! So mag denn in einem Märchen stehen "Der König war 20.000 Jahre alt", und gemeint ist, er war 29 Jahre alt, denn ein menschlicher Entwicklungszyklus beträgt 7 Jahre, 4x7 = 28, das 29. Jahr war vollendet und jetzt befindet er sich im 2. Jahr des 5. Zyklus, also im 30. Jahr!

Karma (sanskrit) bedeutet "unser durch aktives oder passives Handeln selbst verursachtes und selbst zu verantwortendes Schicksal". Es ist also keinesfalls identisch mit dem europäischen Verständnis von "Schick-sal", worin ja die Bedeutung liegt, daß es uns geschickt wird! Beim Karma liegt die Betonung auf Handlung, auf Aktivität. Beim deutschen Schicksalsverständnis ist es eine passive Einstellung.

Karma bedeutet folglich, daß wir für all das veranwortlich sind, was durch Tat oder Unterlassung verursacht wird!
In diesem Sinne pflegte mein indischer Kundalini-Yoga-Meister zu sagen

"Was auch immer passiert, Du hast es selbst herbeigeführt! Und Du hast einen Grund dafür gehabt, also faß' Dich in Geduld, denn Geduld zahlt sich aus!"

Yogi Bhajan

Und in diesem Sinne pflege ich in meinen Seminaren zu sagen *"Wer nicht selbst bestimmt, über den wird bestimmt!"*

Gewiß unterliegt unser Lebensweg vielen äußeren Einflüssen, doch wir sollten uns bei der Diskussion des Karma klarmachen, daß sich nur das ereignen kann, was von unserem Unterbewußtsein in der Regel bereits lange zuvor ohne unser bewußtes Wissen so geplant war. In unserem Leben tritt nur das in Erscheinung, was wir uns zuvor beharrlich entsprechend vorgestellt haben! Auch wenn diese Vorstellung oft in unseren Träumen ablaufen mag und darum nur fragmentarisch bewußt wird.
Wie gut wir etwas vorher wissen, wird dann in déjà-vu-Erlebnissen offenbar. Und aus der Tatsache, daß derartige hellsichte und prophetische Erkenntnisse in unserer Zeit immer häufiger und bei immer mehr Menschen auftreten, können wir ableiten, daß sich die ganze Menschheit endlich aus der finsteren Epoche des Mittelalters und des Materialismus löst. Wußten Sie, daß laut einer Erhebung aus dem Jahre 1976 bereits mehr als 62 % aller Deutschen déjà-vu-Erlebnisse kennen? 2/3 der Bevölkerung kennt spontane, hellsichtige Ereignisse: Dieses Gefühl "Du weißt plötzlich

ganz genau was jetzt gleich passiert" und diese Wahrnehmung, daß "ich hier schon einmal war und alles wiedererkenne". 2/3 der Bevölkerung kennt diese Dinge und trotzdem zweifeln immer noch so viele an der Existenz der geheimen Welten, über die die Esoterik berichtet.
Natürlich werden immer wieder Menschen behauptet, daß die Numerologie auf sie nicht zutrifft. Doch wie gut kennen sie sich? Ich habe inzwischen mehr als 23 Jahre praktische Erfahrung. Es hat mir gezeigt, daß sie sehr nützlich ist und oft bessere Aussagen macht als die Menschen selbst.
Wir werden natürlich immer wieder Menschen treffen, die uns etwas zu sagen haben, mit denen wir irgendeine Erfahrung teilen oder aufarbeiten können. Wenn etwas für uns keine Bedeutung mehr hat, ein Gefühl, eine Sache, eine Angewohnheit oder ein Mensch, dann schwindet es aus unserem Leben dahin wie die Blumen welken wenn der Herbst kommt.
Kommen wir noch einmal zu dem Beispiel mit dem "König, der 20.000 Jahre alt war" zurück. Dieser Mensch hat also 4 "Eierschalen" abgestreift und reift nun weiter heran. Er muß keineswegs de facto König gewesen sein, vielmehr wird er wohl "auf dem königlichen Weg" sein, d.h. auf dem Weg des Könnens, bereit, sich selbst zu entwickeln und die Naturgeheimnisse zu studieren! Die mittelalterliche Form von König war "Kunning" und entsprach in etwa unserem "Könner". Ein Kunning war einer, der sich und andere beherrschte, auf Grund seiner persönlichen Fähigkeiten und Qualitäten. Im gleichen Sinne war in Indien ein Maha-Radsha (ein großer Meister bzw. Führer) wirklich auch im geistigen Sinne ein Führer. Ähnlich war in anderen Kulturen der oberste König oder Pharao zugleich Hohepriester. In den frühen Kulturen wurden also die geistigen Meister

zu Führern gewählt. Doch irgendwann ging man in allen Kulturen dazu über, diese Ämter und die oft damit verbundenen Werte und Reichtümer zu vererben. Und es ist keineswegs gesagt, daß die Söhne eines geistigen Führers die geistigen Quälitäten des Vaters erben. So wurde aus geistigen Ämtern weltliche Macht.
Diese Ausführungen mögen Ihnen zeigen, daß unsere "reale Welt" keineswegs feststehend ist, sondern daß wir den Erscheinungen und auch den Überlieferungen erst die gewünschte Bedeutung geben. Es gibt also mit Sicherheit stets mehrere Ansichten oder Interpretationen dessen, was wir so leichthin "Realität" nennen. Oder man müßte von Fall zu Fall fragen, real für wen?

Die Praxis

Die Numerologie ist ein Versuch, alle Erscheinungsformen in diesem Universum auf einfache Begriffe, nämlich die Zahlen 1 bis 9 zurückzuführen.
Die Numerologie gewinnt ihre Zahlenwerte durch "okkulte Reduktion", d.h. es wird eine Quersumme gebildet, bis nur noch eine Ziffer übrig bleibt.

Beispiel: Geburtsdatum 12.4.56
Um für diesen Menschen eine numerologische Aussage zu treffen, bilden wir die Quersumme. Wir können das gleiche Verfahren auch für ein anderes Ereignis, z.B. für einen wichtigen Termin, einen Vertragsabschluß anwenden und die Geburtszahl des Vertrages bewerten.

1. Die Geburtszahl steht für den Tag der Geburt. Den Termin rechnen wir 12 = 1 + 2 = 3 = Jupiter (Erläuterungen

siehe weiter unten). Die **3** bezeichnen wir als Geburtszahl. Sie gibt nach der numerologischen Lehre Auskunft über das bisherige Karma des betreffenden Menschen, daß er schon durch die Geburt in diese Welt mitgebracht hat. Die Geburtszahl gibt im anderen Fall Auskunft über die karmischen Zusammenhänge, die zum Vertragsabschluß geführt haben.

<u>2. Die Sternenzahl</u>, dafür bilden wir als zweites die Quersumme aus dem ganzen Datum:
1 + 2 + 4 + 1 + 9 + 5 + 6 = 28 = 2 + 8 = 10 = **1** = Sonne.
Diese Zahl wird als Schicksalszahl, Sternenzahl oder Karmazahl des Menschen oder der vertraglichen Partnerschaft bezeichnet. Sie bezieht sich auf das Karma, das dieser Mensch durch seine Handlungen im Verlauf des jetzigen Lebens zu erwarten hat, oder es zeigt die Auswirkungen des Vertrages auf die Vertragspartner!
So wird also das Leben dieses Menschen bzw. die Wirkung des Vertrages bei unserem Beispiel verlaufen von der 3 = Jupiter-Einfluß hin zur 1 = Sonnen-Einfluß. Es wird um so harmonischer sein, je mehr sich Mensch oder Vertragspartner konform zu diesen hier aufgezeigten Sternen-Einflüssen entwickeln.

<u>Beispiel:</u>
Bei zwei Lebenspartnern ergibt sich nach der numerologischen Analyse folgende

Konstellation:	1. Partner	**5 - 9**
	2. Partner	**1 - 3**

Betrachten wir die 4 Zahlen in unserem Beispiel in der Wechselwirkung miteinander. Bei dieser Beziehung, ganz gleich ob Mutter und Kind, Ehepartner oder

Geschäftspartner können wir sagen, daß die 5 (Merkur) leicht gute Verbindungen zu allen anderen Sternen (Zahlen) herstellen kann, folglich auch zur 1 (Sonne) oder zur 3 (Jupiter). Die 9 (Mars) gehört mit Jupiter in die Linie der Kraft (Erklärung der Sterne folgt weiter unten).

Auf diese Weisen sehen wir schon eine starke Beziehung entstehen: Merkur schafft die Verbindung zu allen vorhandenen Einflüssen, Sonne ist die astrale Form der weltlichen Mars-Elemente, Jupiter der übergeordnete Machteinfluß, der sich wiederum im weltlichen Mars niederschlägt und zum Ausdruck kommt.

Partner 2 wird dank seiner Zahlen langfristig gesehen den Ton angeben wollen. Wenn er den Partner 1 nicht zu sehr reglementiert und unterdrückt, gibt das ein starkes Team. Ist er zu autoritär, wird sich der Widerspruchsgeist vom Mars (9) bei Partner 1 melden und die Beziehung wird sehr stressig oder zerbricht. Bei beiden Partnern ist ein gewisser Mangel an Gefühlen festzustellen. Das wäre bei anderen Zahlen (Sterne), z.B. 2 (Mond) oder 6 (Venus) der Fall.

Auf diese Weise wird vermutlich Partner 1 mehr reden, diskutieren, Verbindungen schaffen und gemeinsame Pläne ausführen. Partner 2 wird eher für die größere Ordnung sorgen, planen, bestimmen und auch die Kraft mobilisieren, damit Partner 1 seine Arbeit tun kann. Die Konstellation 1 - 3 verläuft von natürlicher, angeborener Souveränität zur Ausübung weltlicher Macht (Kontrolle). Zumindest nach außen hin wird Partner 1 intelligenter wirken und tatsächlich geistig reger sein, dafür aber auch manchmal widerspenstig weil sich Mars nur ungern etwas sagen läßt. Wenn diese beiden Partner ihre natürliche Position in der Beziehung erkennen und erfüllen, wird es z.B. im wirtschaftlichen Bereich eine sehr erfolgreiche Beziehung sein, dafür mangelt es vermutlich an innerer Ruhe, während für Lebhaftigkeit und Aktivität stets gesorgt ist!

<u>Beispiel:</u>
Ohne es nun im Detail diskutieren zu wollen wäre die folgende Beziehung zum einen sehr stark, ruhig und dauerhaft, zum anderen jedoch könnte eine gewisse Monotonie auftreten, weil sich die Partner vielleicht zu ähnlich sind:

1. Partner 1 - 1
2. Partner 1 - 2

Dieses Paar wird eine gewissen Souveränität ausstrahlen (typisches Herrschaftsgebaren). Sie haben die Veranlagung, Führungsaufgaben zu übernehmen. Durch die 2 kommt noch etwas mehr Gefühl hinein (Mond). Wenn die beiden nicht durch ihre natürlichen inneren Kräfte auf einen Platz gestellt werden, wo sie tatsächlich etwas zu sagen haben, dann wird wahrscheinlich nach und nach ein gewisser Frust und Stagnation einkehren. Dabei wird deutlich, daß es stets darauf ankommt, vorhandene Kräfte auch praktisch auszuleben und anzuwenden.

Eine schwierige Beziehung wäre z.B. folgendes <u>Beispiel:</u>

1. Partner 2 - 3
2. Partner 8 - 7

Bei der Anwendung und Untersuchung numerologischer Verhältnisse habe ich immer wieder beobachten können, daß sich 2 (Mond) und 8 (Saturn) nur schwer vertragen. Nicht etwa, daß sie miteinander kämpfen und streiten, aber sie mißverstehen sich, reden aneinander vorbei und die schicksalhafte, ernste, teils schwermütige 8 verträgt sich nicht gut mit dem weiblich-intuitiven-sanften Einfluß des Mondes. Daß trotzdem solche Verbindungen existieren

liegt wohl daran, daß die Achter karmische Schuld aufarbeiten und anderen gut dabei helfen, es zu tun. Sie sind also typische Partner, die am Partner und an sich selbst arbeiten.
In diesem Beispiel würde sich nun die erste Person von der ursprünglichen, sanften weiblichen Kraft des Mondes hinentwickeln zu 3 (Jupiter). Damit gewinnt sie auf ihrem Lebensweg viel mehr Bodenständigkeit, Durchsetzungsvermögen, aber auch Machtansprüche.
Der prophetische Charakter der 8 (Saturn) beim 2. Partner wird sich daran reiben und es wird weiterhin zu Kollisionen zwischen den beiden kommen, denn Saturn hat etwas gegen irdische Machtansprüche und weltliches Gehabe. Die 7 (Neptun), fühlt zwar einen inneren Bezug zum Mond (2), es gibt gemeinsame spirituelle Empfindungen und die Suche nach verborgenen Zusammenhängen, aber auch die 7 hat kein Interesse an den weltlichen Machtbestrebungen des Jupiter (3). Während Person 1 ihren irdischen Einfluß aufbaut, wird sich Person 2 noch weiter aus den weltlichen und karmischen Verstrickungen lösen und hinausgehen in die Welt. Sie will esoterische und spirituelle Inhalte erforschen, oder aber sich aufmachen zur Reise in den inneren Raum. Der eine bleibt auf Erden und ergötzt sich, der andere steigt aus und auf.
Zweifellos wird Person 2 im Laufe ihres Lebens umgänglicher, weltoffener und lebhafter: Künstler, Aussteiger, Weltenbummler und Philosoph. Wenn er/sie sich nicht im Griff hat, besteht der Hang zu Drogen oder es kommt der große Frust aus Mangel an interessanter Anregung.
Nun wollen wir weitere allgemeine Auswirkungen betrachten. Die Numerologie erschöpft sich nicht in horoskopartigen Aussagen. Interessant wird es erst, wenn wir sie überall in unserem Alltag anwenden. Jeder Wochentag ist einem

Planeten zugeordnet und hat ein Datum. Es ist sehr nützlich, wenn Sie sich eine Jahrestabelle anlegen, in der Sie für jeden Tag die Tageszahlen eintragen. Dann wissen Sie im voraus, welches ihre guten oder kritischen Termine sind, und Sie können sich in privaten und geschäftlichen Dingen danach richten. Doch bedenken Sie stets, daß es für jeden Menschen darauf ankommt, mit allen astrologischen Einflüssen leben zu können! In dem Maße, wie Sie die innere Bedeutung der Sterneneinflüsse erfassen, wird es Ihnen leichter fallen, jeden Tag sinnvoll zu nutzen!

Für einen Menschen mit der Zahl **8** und **4** wären die günstigen Tage z.B. Samstag (8) oder auch Freitag (6), da die 4 eine gute Beziehung zur 6 entwickeln kann. Der Montag (2 = Mond) wäre sicher als kritischer Tag zu sehen, an dem dieser Mensch sich zurückhalten sollte.

Neben diesen Wochentagsbeziehungen, die sich aus den Tagen selbst immer wieder ergeben, ist allerdings noch zu beachten, daß ja jeder Tag sein eigenes Datum hat. Dieses Datum tragen Sie bitte in Ihren Kalender oder eine Tabelle ein. Betrachten Sie stets den Gesamteinfluß, bevor Sie eine Entscheidung treffen!

<u>Beispiel:</u>

Montag (2), der 15.10.1990: Tageszahl 1 + 5 = 6 (Venus) und Schicksalszahl für die weitere Entwicklung 1 + 5 + 1 + 1 + 9 + 9 =26 = 2 + 6 = 8 (Saturn).

Wir haben hier also die Einflüsse von Mond, Venus und Saturn. Der Vormittag wird vermutlich recht harmonisch anlaufen, Mond und Venus vertragen sich sehr gut und haben sich viel zu sagen. Am Nachmittag werden entweder verstärkt Spannungen auftreten. Viele Menschen werden diesen Tag als typischen belastenden Montag empfinden,

bei dem sie vor allem froh sind, wenn er vorbei ist. Doch es besteht hier auch die Möglichkeit, Karma aufzuarbeiten und aus der Kraft der Liebe und der weiblichen Ursprünglichkeit (Mond/Venus = Shakti) Kraft zu schöpfen, um sich aus karmischen Verstrickungen zu lösen.
Diese Interpretation soll deutlich machen, daß mit der Tiefe der Erkenntnis und mit der Bereitschaft zur Entwicklung jeder Einfluß gut genutzt werden kann.
Wem die innere Bereitschaft fehlt, der wird diesen Montag früh okay finden und nachmittags als Last, von der er sich dann leider nicht befreit, obwohl die Chance da ist. Für den Geübten bedeuten diese Kalkulationen keinen Zeitverlust, sondern einen Gewinn!
In diesem Sinne ist es also nützlich, für einen Menschen mit den Zahlen 3 - 4, seine Aktivitäten an Donnerstagen oder Samstagen zu beginnen. Auch der Dienstag ist gut geeignet (9) und der Freitag schneidet ebenfalls gut ab. (Der Glückliche!) Jemand mit 2 sollte sich vor den Samstagen etwas in acht nehmen und jemand mit 8 vor den Montagen, auch vor den Tagen mit 3 und 9 sollte die (8) aufpassen! Wer einmal bewußt und intuitiv einen Freitag, den 13. miterlebt hat, weiß sicherlich wovon ich rede!
Die Werte der Numerologie lassen sich natürlich auf alles andere übertragen. Überall wo die gleichen Zahlen auftauchen, sind auch die gleichen Einflüsse vorhanden, offen oder verdeckt. Rechnen Sie einmal Ihre Telefonnummer durch, Ihre Kontonummer und beachten Sie Ihre Hausnummer, bzw. die Hausnummer einer Firma, mit der Sie in geschäftliche Verbindung treten möchten! Wie paßt das alles zu Ihnen, was erfahren Sie hier auf unvermutete Weise aus Ihrer Umwelt?

Der Einfachheit halber will ich erwähnen, daß sich bei der Bildung von Quersummen mit der 9 immer wieder das Gleiche ergibt. Sie können also beim addieren die Neuner weglassen.
Beispiele: **2**9 = 2 + 9 = 11 = 1 + 1 = Quersumme 2, 9**3** = Quersumme 3 etc. 999 = Quersumme 9, probieren Sie es aus!
Lassen Sie sich in der Anwendung und Nutzung dieser esoterischen Lehre nicht beirren! Offiziell gibt es solche Bezüge gar nicht und kein Politiker oder Wissenschaftler redet über diese Dinge, ohne seine Position zu riskieren. Trotzdem gibt es eine stillschweigende Duldung und Akzeptanz: Bei der Bundesmarine läuft z.B. an einem Freitag, dem 13. kein Schiff aus. Erstaunlich, nicht wahr? Viele Hotels haben bis heute kein Zimmer mit der Nr. 13, im Tarot ist das nämlich die Karte des Todes. Dazu kommen wir später.

Wochentage, Planeten und Zahlen

☉	Sonntag	1 Sonne (engl. Sunday, franz. Dimanche)
☽	Montag	2 Mond (engl. Monday, franz. Lundi, la lune = der Mond)
♂	Dienstag	9 Mars, (engl. Tuesday = Zius Tag, germanischer Kriegsgott, entspricht Mars, franz. Mardi = Marstag)
☿	Mittwoch	5 Merkur (franz. Mercredi, Merkur steht für Verbindungen und Kommunikation, daher im engl. Wednesday, von wedding = heiraten)
♃	Donnerstag	3 Jupiter (franz. Jeudi, entspricht dem germanischen Gott Donar bzw. Thor, engl. Thursday)
♀	Freitag	6 Venus (Freyas Tag, germ. Göttin der Liebe, franz. Vendredi, engl. Friday)
♄	Samstag	8 Saturn (engl. Saturday, franz Samedi)

Zahlen und Planeten

☉ 1 Die Sonne

Die Sonne repräsentiert das ursprüngliche, individuelle, positive, schöpferische Element. Die Sonne symbolisiert Geist und Verstand. Sie ist in diesem Sinne eine männliche Kraft und wir finden hier Veranlagungen für Forschung, Erfinder, Politiker und generell die Fähigkeit, zu regieren und zu bestimmen. Die Sonnen-Menschen sind meist eigenwillig, durchsetzungsfähig, zäh und trauen sich eine Menge zu. Allerdings sollten Sie darauf achten, daß sie sich nicht zu elitär aufführen und ebenso, daß sie sich nicht auf Grund ihrer Regierungsfähigkeiten einbilden, alles regeln zu können. Denn auf diesem Wege sind sie nicht unbedingt immer achtsam und es besteht die Gefahr, daß sie sich etwas einflüstern lassen und auf diesem Wege fremde Einflüsse dulden oder sogar aus Überheblichkeit unachtsam fremde Interessen vertreten. Das könnte ihnen zum Nachteil gereichen! Sie harmonisieren gut mit anderen Einser-Menschen und besonders gut mit Zweier-Menschen (Mond), die ihre natürliche Ergänzung sind.

Mit Vierer-Menschen können Sie sich ebenfalls gut vertragen, wobei ihnen die Freundschaft eines Neptun-Menschen Beweglichkeit und Reiselust verleiht, während auf der anderen Seite die 1 der 7 etwas mehr Bodenständigkeit geben kann.

Mit Jupiter (3) haben sie nicht viel im Sinn. Beide wollen herrschen, aber Jupiter-Menschen sind mehr an Macht interessiert, und so kommen sie sich leicht ins Gehege. Ähnlich ist es mit der 9 (Mars). Wenn in einer Verbindung die

9 den Ton angibt, wird die 1 als Untergebene oft "alles besser wissen" (tatsächlich) und es kommt zu Reibereien. Ist die 1 der Vorgesetzte und 9 untergeben, stimmt die Konstellation, ebenso wie im Weltenraum bei den Planeten, aber die 9 mag sich hin und wieder störrisch zeigen.
Die 1 will leben, agieren, handeln, tätig sein, so hat sie auch mit der 8 nicht viel im Sinn. Grübeln und die Aufarbeitung von Karma oder die Vermittlung spiritueller Botschaften sind ihr relativ fern. Die natürlichen Anlagen der Saturn-Menschen können leicht mit den Herrschaftsinteressen der 1 in Konfikt geraten.

☽ 2 Der Mond

Die Eigenschaften des Mondes ergänzen sich ideal mit der 1 (Sonne). Gerade die Unterschiede und Gegensätze sind optimal um eine gute und enge Beziehung zwischen verschiedenen Menschen zu schaffen. Der Mond repräsentiert die Gefühle, das intuitive Verstehen. Der Mond ist bereit, sich zu unterwerfen, mitzumachen, sich führen zu lassen. Dafür geben die Mond-Menschen aus ihrer Natur heraus sanfte, tiefgreifende Empfindungen, Zärtlichkeit, harmonische Gefühle, beschauliche Kreativität und Phantasie. Die Zweier-Menschen sind künstlerisch veranlagt, idealistisch, romantisch und intuitiv. So fehlt ihnen keineswegs der Sinn für die Wissenschaft, eher schon das Durchsetzungsvermögen. Körperlich sind sie nicht so robust, dafür jedoch ausdauernd. Wir haben es also mit einer typisch weiblichen Zahl zu tun.

Hier schließen sich harmonisch Aspekte wie "heilende Fähigkeiten" und "verborgenes Wissen" an (Tarot Karte 2 und Karte 18). Die alten "weisen Frauen" der Naturvölker und frühen Kulturvölker haben die lunaren Fähigkeiten gut zum Ausdruck gebracht.
Wegen der Tiefgründigkeit dieser Kräfte sollte man dem Aspekt "verborgene Gefahr", der der Mond-Karte im Tarot beigeordnet wird, Beachtung schenken. Für den einzelnen Menschen kann das z.B. bedeuten, daß er seine eigenen Tiefen nicht kennt und zu Launen neigt, im negativen Sinne müssen wir Intrigen-Spiele in Betracht ziehen. Unabhängig von einzelnen Menschen sollten wir bei der Mond-Kraft stets verborgene Aspekte mit in Rechnung stellen und bei unseren Beurteilungen davon ausgehen, daß wir kaum je alles über den Mondaspekt erfahren werden.
In der Natur kommt das darin zum Ausdruck, daß uns der Mond immer nur seine vordere Seite zeigt und wir nur durch komplizierte Raumfahrzeuge auf Umwegen etwas über die Rückseite erfahren. Vergessen wir nicht, daß nur die Erde niemals diese Mondrückseite sehen kann. Unser Verstandes-Ego kann die geheime, okkulte Tiefe des Mondes nicht ausloten. Die Sonne selbst bescheint sehr wohl regelmäßig beide Seiten des Mondes und, wenn auch aus großer Distanz, sehen die anderen Planeten alle seine Seiten!
Die 2 harmonisiert neben der 1 gut mit der 6. Diese Verbindungen können sehr gut, gefühlvoll und erotisch sein. Die 2 ist anpassungsfähig, weich, formbar, ohne ihre Individualität einzubüßen. Ähnlich wie bei der 1 ist jedoch eine Distanz und Unwilligkeit zur 8 da, denn auch der ursprüngliche Mond hat mit Karma wenig im Sinn. Wenn es jedoch

2 und 8 gelingt, trotz aller Spannungen zu harmonisieren, ist so eine Verbindung sehr fruchtbar!

♃ 3 Jupiter

Jupiter, die kalte Sonne, ist ein Symbol irdischer Herrschaft. Menschen unter diesem Zeichen streben in Positionen mit Verantwortung. Dabei kommt es ihnen wesentlich darauf an, Machtbefugnis zu erwerben. Zum einen sind Sie gut geeignet für Führungspositionen, Staatsämter, Jurisprudenz und auch gehobene Positionen in sozialen Berufen, zum anderen besteht jedoch die Gefahr, daß Sie sich an ihren Fähigkeiten ergötzen, um Macht und Kontrolle mehr im eigenen Interesse auszuüben, als im Interesse der Allgemeinheit. Für spirituelle Entwicklung haben sie keinen direkten Sinn, außer es dient ihren Herrschaftsansprüchen. Eher neigen Sie dazu, alles als Mittel zum Zweck zu sehen. So nimmt es nicht wunder, daß sie leicht mit den Vertretern des Saturn und deren prophetischen und religiösphilosophischen Idealen kollidieren.
Gut vertragen sie sich mit 6 (Venus), die sich anschmiegt und dem Jupiter schmeichelt und ihn zu Höchstleistungen antreiben kann, und mit dem Mars (9), der sich gut als Untergebener für Jupiter-Menschen erweist. Mars hat nicht die Weitsicht und Kapazität wie Jupiter, ist jedoch ähnlich weltlich, materialistisch orientiert und versteht dessen Machtanspruch.
Die möglichen Differenzen mit der Sonne (1) wurden schon erwähnt (s.dort). Mit den Ambitionen der 4 (Uranus)

hat der Jupiter wenig im Sinn. Der Drang nach Veränderungen bei der 4 (Uranus) wird vom Jupiter leicht als Auflehnung gegen seine Herrschaftsansprüche gewertet, dabei schnell überbewertet und dadurch wird der Widerspruchsgeist des Uranus noch weiter aktiviert. Das Ergebnis sind häufige Spannungen, bei denen die 3 (Jupiter) auf ihre Rechte pocht und die 4 (Uranus) Wandel und Fortschritt notfalls mit Gewalt zu realisieren versucht.

Wegen ihrer pragmatischen Haltung hat die 3 gewisse Schwierigkeiten mit der weltoffenen, vagabundierenden 7 (Neptun). Die oben skizzierten guten Bedingungen zwischen 3, 6 und 9 werden von Mystikern als 'Linie der Kraft' bezeichnet, da Verbindungen aus Menschen mit diesen Zahlen sehr erfolgreich sein können, vor allem im Bereich der weltlichen Organisation.

Der Widerspruch zwischen 3 und 4 läßt sich vielleicht mit Begriffen aus der Politik recht gut darstellen: Jupiter entspräche der CDU hier in Deutschland und Uranus der neuen Linken und den Grünen. Doch werten Sie das bitte nicht persönlich oder wortwörtlich. Damit möchte ich lediglich Tendenzen ausdrücken und nicht etwa ein Charakterbild der jeweiligen Partei.

♅ 4 Uranus

Wie schon beim Jupiter erwähnt, finden wir hier die Tendenz zu Veränderungen, zu revolutionären Neigungen in jeder erdenklichen Form, sei es in technischer Hinsicht oder im Politischen. Hier finden wir religiöse Erneuerer, Anarchisten, Künstler, Wissenschaftler und Techniker.

Sie machen es sich und anderen nicht leicht, sind Grübler und Problematiker und haben oft einen schlagfertigen Witz am Leibe, der leicht einmal in Zynismus umschlagen kann.

Sie sind bereit, sich für andere einzusetzen und das manchmal gegen den Willen der Betroffenen. Auf diesem Wege machen sie sich nicht unbedingt beliebt. Ihr Denkvermögen arbeitet schneller als der Körper folgen kann. Aus diesem Grunde sollten sie Yoga oder zumindest Gymastik betreiben, damit der Körper fit bleibt und den Anforderungen gewachsen ist, die der Geist an ihn stellt. Wenn sie nichts für ihren Körper tun, kann es sein, daß er in Folge einer geistigen Überlastung erschlafft und apathisch wird, d.h. es kommt zu Resignation ohne klar erkenntliche Ursachen.

In diesem Zusammenhang sind bei einer Beratung Fragen zu stellen nach Kreuzschmerzen, Hinterkopfschmerzen und regelmäßig wiederkehrender schlechter Laune. Die Uranus-Menschen sind grundsätzlich aufbauende und konstruktive Elemente, doch findet man sie oft als Selbstzweifler und Skeptiker. Wenn sie ihren Lebensweg nicht mit dem nötigen Erfolg gehen, neigen sie dazu, zu streiten, zu debattieren und alles zu zerreden, um von ihrem Mangel an Tatkraft abzulenken.

Diese resignativen Seiten zeigen sich meist erst im Alter ab 25 Jahre, wenn sie bereits zahlreiche Versuche im Großen und im Kleinen hinter sich haben, mit denen sie etwas verändern wollten, was wegen ihrer leider des öfteren gegebenen Planlosigkeit ("Aktivismus") nicht zum erwarteten Erfolg führte.

Sie können gute Beziehungen aufbauen als Assistenten von Einser-Menschen und im geistig-seelischen Bereich mit

Achter-Menschen (Saturn). Mit dem abenteuerlichen Element 7 (Neptun) vertragen sie sich gut.
Dafür gibt es eher Schwierigkeiten mit der 3 (Jupiter, siehe dort), u.a. weil Jupiter erfolgreicher ist und Uranus dann neidisch reagiert und weil sie sich ungern kommandieren lassen. Streit gibt es auch mit der 9 (Mars), weil der ihnen zu materialistisch und kommandierend ist.

☿ 5 Merkur

Merkur symbolisiert den ursprünglichen, androgynen Menschen. Er vereinigt in sich wirklich die weiblichen und männlichen Elemente. Auf diese Weise vereinigt Merkur Eigenschaften in sich, die es ihm ermöglichen, zu allen anderen Sternen und Menschen Verbindung aufzubauen. Nicht umsonst war er in der Mythologie der Götterbote, klein, flink und beweglich.
Diese Menschen sind äußerst vielseitig, meistens überdurchschnittlich intelligent und von altersher spricht man ihnen universale Intelligenz zu. Das soll bedeuten, daß sie am ehesten die Fähigkeit haben, sich in die Zusammenhänge des Universum hineinzudenken, so wie der Götterbote die Gedanken und Botschaften der Götter (der kosmischen Kräfte) verstehen und den Menschen vermitteln mußte.
Sie sind in der Lage sich in alles einzuarbeiten und sie verschaffen sich eine gute umfassende Bildung, ohne sich zu sehr zu spezialisieren. Sie sind beweglich, schlagfertig, impulsiv, gute Kaufleute und Spekulanten. Ihre rasche Auffassungsgabe, Intuition und ihre angeborene Menschen-

kenntnis verschaffen ihnen den buchstäblichen "Durchblick" und zahlreiche Vorteile in allen Lebenslagen.
Leider mangelt es ihnen oft an der erforderlichen Ausdauer. Wenn nicht alles so schnell geht, wie sie denken können, neigen sie zu Ungeduld, Nervosität und Jähzorn.
Sie freunden sich fast mit jedem Menschen an, wenn er ihnen nur etwas sympathisch ist und etwas Bereitschaft zur Freundschaft mitbringt. Sie brauchen intelligente Freunde und Partner. Dummheit ist ihnen ein Greul. Toleranz wird bei ihnen ebenso groß geschrieben wie die individuelle Freiheit, die sie selbst beanspruchen. Sie leben hier und jetzt, wissen viel und sind nicht nachtragend, neigen zur Leichtlebigkeit, die in Oberflächlichkeit ausarten kann. Wenn sie resignieren oder sich depressiv zeigen, dann deshalb weil nicht genug passiert und ihr ständig aktiver Geist nicht weiß, was er als nächstes anstellen soll.
Sie wachsen mit ihren Aufgaben und müssen nur darauf achten, daß sie nicht die Übersicht verlieren, wenn die Aufgaben auf Grund ihrer Aktivitäten schneller wachsen, als sie sie organisieren können.
Sie neigen zu Nervenproblemen und es ist wichtig für sie, Autogenes Training, Yoga und andere Entspannungstechniken zu erlernen und regelmäßig anzuwenden. Ihr Körper braucht einen regelmäßigen, nicht zu schweren Ausgleich, damit er nicht schlaff wird und den hohen Geistesaktivitäten standhalten kann.

♀ 6 Venus

Bei der typisch weiblichen Venus finden wir alles, was mit Liebe, Zärtlichkeit, Partnerschaft, Geselligkeit und Frohsinn in einer gefühlvollen, intuitiven Weise zusammenhängt.

Diese Menschen verfügen über eine persönliche Ausstrahlung, die sie für andere anziehend macht. Diese Anziehungskraft ist keineswegs immer sex appeal und Erotik, es kann ebenso das warme, mütterliche und gutmütig-väterliche Verhalten sein. Sie sind selbst nicht gern allein, sorgen sich gern um andere - ob es denen nun paßt oder nicht!

Das kann nun wieder zu Differenzen führen. Wenn ihre vielleicht aufgedrängte Führsorge zurückgewiesen wird, dann kann es sehr wohl sein, daß sie ihre leichte Art, Menschen anzuziehen ausnutzen, um andere zu umgarnen und Intrigen zu spinnen. Ihre emotionalen Reaktionen können ebenso Sinnlichkeit zum Ausdruck bringen wie Anhänglichkeit, die man nicht mehr los wird oder Racheaktionen aus gekränkter Eitelkeit.

Sie verfügen über großes kreatives Talent, betätigen sich gern als Künstler oder im sozialen Bereich. Sie sind Romantiker und Schwärmer, schäumen auf in Eifersucht und kümmern sich mehr um die Sorgen anderer Leute, als denen lieb ist. Harmonische Häuslichkeit ist ihnen wichtig. Sie bauen sie auf ihre eigene Weise auf, auch wenn der Partner vielleicht andere Vorstellungen hat. Sie können also recht besitzergreifend sein.

Mit all diesen Eigenschaften finden sie leicht Kontakte zu 3 (Jupiter), den sie animieren, aufbauen und auch für ihre Ziele einsetzen, und zur 9 (Mars), der ihnen zu dienen hat.
Weniger gut kommen sie mit der etwas düsteren, ernsten und prophetischen 8 (Saturn) aus, die ihre Spiele durchschaut und Karma aufarbeiten will, statt neues zu produzieren.
Insgesammt haben sie keinerlei Probleme, mit anderen Menschen in Kontakt zu kommen. Wenn ihre individuellen Kräfte nicht sehr stark ausgeprägt sind, müssen sie darauf achten, daß ihre positiven und kreativen Seiten, ihre Hilfsbereitschaft und Fürsorglichkeit nicht ausgenutzt werden.
Männer mögen mit dem Venus-Stern nicht immer gut zurecht kommen, sondern aus ihrer männlichen Natur heraus zu inneren Widerprüchen neigen. Venus-Frauen kommen jedoch voll auf ihre Kosten, ziehen Männer an, geben Ihnen Wärme, wenn sie Lust dazu haben und die Männer ihre Bedürfnisse erfüllen, und sie setzen sich durch!

♆ 7 Neptun

Neptun repräsentiert eine der ursprünglichen Kräfte, die in uns wirken, das Element Wasser, Gefühle, Intuition, tiefgründig wie ein Bergsee und stets auf der Suche nach Abenteuern, Abwechslung und Anregung. Hier finden wir Menschen, die animiert werden möchten zu stets neuen, aufregenden und anregenden Erfahrungen und Genüssen aller Art.

Sie haben sowohl einen Hang zum Weltenbummler als auch zum Übersinnlichen. Die Weite des inneren Raumes lockt sie ebenso wie die Weite der Welt oder das Abenteuer Weltenraum.
Ihrer Entdeckerfreude sind keine Grenzen gesetzt und so probieren sie neue Speisen ebenso gerne wie neue Länder oder neue Liebespartner. Oft verfügen sie über eigenartige Gaben, einen Hang zur Kunst und Kultur, sammeln Antiquitäten oder Nippes. Wenn es ihnen an Anregungen mangelt, lassen sie eher ihre Pflichten oder gesellschaftliches Ansehen fahren, als daß sie sich zwingen ließen, Biedermeier zu spielen.
Sie sind großzügig bis hin zur Verschwendung und haben wenig Sinn fürs geschäftliche. Oft kommt es zu einer Abkehr von den irdischen Genüssen und dann, mit der Reife der Jahre, wenden sie sich religiösen oder geistigen Erkenntnisbereichen zu. Ihre religiös-mystische Veranlagung kommt dann voll zum Ausdruck. Bei vielen von ihnen kann man einen "direkten Draht nach Drüben" erkennen: Philosophisch-ernste Daseinsbetrachtungen und die Frage nach dem Sinn des Lebens lassen sie dann leicht mit den Saturn-Menschen (8) Freundschaft schließen.
Sie verstehen sich gut mit Einser-Menschen (Sonne), weil sie deren eher pragmatisches Leben auflockern können, ohne sich zu sehr einzumischen. Außerdem haben sie einen guten Draht zur künstlerischen und mystischen Seite der Mond-Menschen (2).
Ihr Abenteuertum kann sie zu guten Verbindungen mit Vierer-Menschen (Uranus) leiten. Dafür haben sie mit den herrschaftlichen und weltlich-materialitischen Ansichten der 3 oder der 9 wenig im Sinn.

Wir finden sie in den Berufen als Gelehrte, Forscher, Künstler, Abenteurer und in jeder exotischen oder abenteuerlichen "Szene".
Wenn es ihnen im Alltag zu langweilig wird, neigen sie zu Anregungen anderer Art und sollten acht geben, daß sie sich nicht in dem Genuß exotischer Drogen verlieren.
Auch im Priesteramt sind sie zu finden. Im Altertum waren sie oft Angehörige und Praktizierende von religiös-exstatischen Kulten (Dyonisos-Kult).

♄ 8 Saturn

Saturn-Menschen sind vielschichtige Persönlichkeiten, die man nicht auf den ersten Blick einordnen kann. Das führt für ihre Mitmenschen zu einer gewissen Unsicherheit. Darum fällt es ihnen nicht gerade leicht, umgängliche Freundschaften zu schließen. Sie legen auch keinen besonderen Wert darauf. Ihr Schicksal ist in mancherlei Hinsicht nicht gerade leicht, denn ihre Veranlagung und Aufgabe ist es, sowohl das eigene Karma aufzuarbeiten, als auch den gerade lebenden Zeitgenossen karmische Zusammenhänge deutlich zu machen.
Ein Grund mehr, sie nicht unbedingt zu mögen. Am ehesten kann man wohl sagen, sie werden gebraucht und sind wesentlicher Teil der menschlichen Gesellschaft, doch wegen ihrer Tiefgründigkeit, ihrem sprichwörtlichen Sinn für Gerechtigkeit und ihren prophetischen Ahnungen werden sie nicht gerade geliebt. Wer läßt sich und seine Spiele schon gerne durchschauen und bloßstellen.

Sie wagen es, die selbstherrliche Sonne zu kritisieren. Sie haben den Mut, gegen die Herrschaft des Jupiter aufzustehen. Sie kritisieren die Leichtlebigkeit der Venus und den Fanatismus des Uranus. So legen sie sich gerne unter Berufung auf kosmische Gesetze mit den Unarten der anderen an. Das schafft nicht gerade viele Freunde.
Ihr Sinn für die kosmischen Gesetze und die kosmische Gerechtigkeit macht sie zu geeigneten Kontroll-Personen in vielen gesellschaftlichen Bereichen. Früher waren sie die geborenen Propheten und Priester, die mit angeborener Überzeugung und Sicherheit ihren Glauben vertraten, ohne sich beirren zu lassen. Wer ihre Fähigkeiten erkennt und schätzen lernt, wer bereit ist, an seiner eigenen Entwicklung zu arbeiten, findet in ihnen wertvolle Helfer und treue Freunde. Die täglichen Schwierigkeiten erinnern sie daran, sich nicht mehr als unbedingt nötig in die Belange der materialistischen Welt hineinziehen zu lassen.
Sie brauchen eine gewissen Distanz zur banalen Welt, dann jedoch gelingt es ihnen, die göttlichen Gesetze auf Erden zu vermitteln!
Oft werden sie verkannt, weil sie ihre Absichten und edlen Ziele nicht gerade an die große Glocke hängen, man ignoriert oder mißachtet ihre Bemühungen obwohl ihr Handeln eigentlich stets von Mitleid und Fürsorge für andere geprägt ist. Es gelingt ihnen immer wieder, sich über die herrschende Moral zu erheben und den wahren Sinn des Lebens hinter den offenkundigen Ereignissen zu erkennen und an andere zu vermitteln. Das macht sie in der heutigen Zeit zu guten Therapeuten und Forschern im Bereich Sozialdienste, Psychologie und Religion.
Wenn sie sich verkannt fühlen, neigen sie zu Fanatismus und werden zu unerschrockenen, zähen Kämpfern für

Recht und Ideale. Vom weltlichen Standpunkt aus ist es schwierig, zur 8 zu gehören, vom spirituellen Standpunkt aus ist es ideal.
Wie schon im Vorwort erwähnt, gibt es in der Quantenphysik 8 Quarks (Subelementarteilchen), bei den Indern und bei den Juden je 8 Namen und Erscheinungsformen Gottes, die dieses Universum geschaffen haben.

♂ 9 Mars

Mars-Menschen sind Kämpfernaturen, was je nach ihrer geistigen Reife als tapfer und anständig oder als hinterhältig und gewalttätig in Erscheinung treten kann. Sie neigen von Kindheit an dazu, sich selbst und auch andere in Schwierigkkeiten zu bringen. Sie versuchen ihren Dickkopf durchzusetzen und zweifellos wachsen mit dem Widerstand der Außenwelt und mit der Größe der Aufgaben auch ihre Kräfte. Das kann dazu führen, daß sie sich mehr Bedeutung anmaßen, als sie in Wirklichkeit haben. Sie fühlen sich zumeist sehr gewichtig, sehr bedeutsam. Dafür sind Berufe wie Polizei, Beamte aller Art und Lehrer ideal. Man kann sie auch gut als "politische Interessenvertreter" gebrauchen. Sie sind leicht zu manipulieren, solange man ihnen nur genug Ehre, Anerkennung und Machtbefugnis überläßt. Dann vertreten sie gerne die Ideen der Gönner, ohne zu hinterfragen, ob es ihre eigenen sind.
Sie streben nach Einfluß und Entscheidungsgewalt. So finden wir sie dann nicht nur in selbständigen Berufen oder als sturen Handwerksmeister, der lieber befiehlt als zu

arbeiten, sondern auch in öffentlichen Diensten wir Polizei, Militär und auf Kontrollpositionen aller Art.
Durch ihre große innere Kraftreserve sind sie grundsätzlich dazu in der Lage, die Schwierigkeiten, die sie mit großem Eifer selbst schaffen, auch wieder zu bewältigen. Leichte und bequeme Wege sind Ihnen nicht geheuer, geradezu verdächtig. So tappen sie oft ins Fettnäpfchen und natürlich sind an den Schwierigkeiten immer andere schuld. Häufig zeigen sie Leichtsinn aus Selbstüberschätzung, Jähzorn und Intoleranz. Sie erleben häufig eine "schwere Jugend" wobei sie die Probleme unbedacht selbst schaffen, dann aber dank Ihrer Kraftreserven auch wieder selbst überwinden. Unbedachte Worte bringen sie in Schwierigkeiten.
Wenn sie z.B. in der Politik oder bei der Polizei ihre Machtansprüche nicht genug ausleben können, kann es sehr wohl sein, daß sie "die Seite wechseln" und "auf eigene Rechnung" arbeiten. Die Ingenieurberufe liegen ihnen, wobei ihnen die pragmatischen, materiellen Aufgabenstellungen am meisten liegen und sie später danach trachten, zu kontrollieren und zu kommandieren, statt zu konstruieren.
In seltenen Fällen werden sie zu religiösen Streitern, die vehement kosmische Prinzipien auf Erden vermitteln. Daraus werden dann schnell Fanatiker. Der religiöse Zweck geht über dem demonstrativen Theater verloren, z.B. Missionare mit puritanischem Anspruch, den sie heimlich selbst gern verletzten.
Gute Beziehungen entwickeln sie wie schon vorn erwähnt zu 3 und 6. Für die Jupitermenschen werden sie gerne zu treuen Helfern oder Söldnern, für die Venus spielen sie den Helden, der der angebeteten imponiert, um sie später aus Eifersucht zu unterdrücken, bis hin zu Gewalttätigkeiten. Weniger gut kommen sie auf Grund der ebenfalls schon

erwähnten Eigenschaften mit den Vertretern der 1, 2, 4, 7 und 8 aus. Die Sonne ist ihnen zu souverän, der Mond zu gefühlvoll, der Uranus zu revolutionär, der Neptun wenig bodenständig und der Saturn zu spirituell.
Trotzdem kann es natürlich zu gut gelungenen Ergänzungen kommen. Wenn der Chef mit Sonne sie gut einsetzt und belobigt, werden sie gute Untergebene, wenn eine Mondfrau sie anbetet und bemuttert, werden sie sich geschmeichelt fühlen, wenn die 4 sie lobt, unterstützen sie in jungen Jahren deren Revolution oder sie holen die 7 aus leichtsinnig geschaffenen Schwierigkeiten heraus, weil sie mit beiden Beinen auf dem Boden stehen. Die 9 ist eine typisch irdische Zahl, bei der nicht nur alle 9 Schalen oder Formen des Menschen zum Ausdruck kommen, sondern eben die irdische Form überwiegt!

Zusammenfassung

Wir können sagen, daß alle hier aufgeführten Erläuterungen Tendenzen sind. Die hier genannten Anlagen und Fähigkeiten, ebenso die Schwächen und Mängel sind typische Veranlagungen der betreffenden Sternenzeichen. Was davon in einem Menschen zum Ausdruck kommt, ist verschieden.
Es kann sein, daß ein Mensch sehr wenig davon an sich entdeckt. In diesem Fall sollten Sie sich in Ruhe überlegen, wie Sie erzogen worden sind! Strikte Erziehungsrichtlinien, die der Natur der Eltern entsprechen, können die Muster beim Kind stark verändern, ja sogar völlig verdrehen. Erst wenn Sie die hier getroffenen Aussagen auf sich selbst wirken lassen, wenn Sie sich wiederholt und in Ruhe damit gefassen, dann werden Sie erkennen, daß die angeblich

"überhaupt nicht zutreffenden Aussagen" doch verborgene und verdrängte Anlagen betreffen, die in der Erziehung verloren gegangen sind. Damit will ich ausdrücken, daß ich heute auf Grund meiner langjährigen Erfahrungen von der tendenziellen Richtigkeit dieser Aussagen überzeugt bin. Wie stark und vielseitig sich die Anlagen auswirken, hängt immer vom Einzelnen ab. Jede Anlage bietet gute und schlechte Eigenschaften, je nachdem wie die Anlage ausgelebt wird und mit wem die Betroffenen zusammenkommen. Wer sich leicht in diesen Berichten erkennt, der lebt seine Zeichen und Anlagen aus! Wer sich gar nicht erkennt, sollte seine Vergangenheit, Erziehung und seine Partnerschaft überprüfen und gründlich überlegen, ob er so lebt, wie er gerne möchte oder eben nicht!
Wer seine Stärken erkennt und nicht so lebt, hat eine Aufgabe. Nur Mut! Bringen Sie das zum Ausdruck, was da in Ihnen schlummert. Wer hier liest, daß er vielleicht zur Überheblichkeit neigt und sich plötzlich erinnert, daß ihm das auch schon andere gesagt haben, der sollte es endlich glauben und sich zurücknehmen. Wenn wir unsere schlechten Eigenarten drosseln, gewinnen wir sofort neue Freunde und bekommen neue Chancen.

Erst vor kurzem war eine Dame in einem meiner Seminare, die zuerst meinte, es träfe nicht so gut auf ihre Person zu. Sie hatte Mond als Geburtszahl und Neptun als Sternenzahl. Sie war bisher eine gute Hausmutti, arbeitet im Geschäft ihres Mannes mit, wird von ihm unterdrückt (Mars und nicht anerkannt) und der Frust stand ihr ins Gesicht geschrieben. Sie hatte sich so sehr mit dem pragmatischen, aufs Geschäft orientierten, weltlichen Gehabe ihres Mannes identifiziert, daß sie schon genauso dachte und fühlte.

Angeregt durch die Numerologie kamen ihr ganz neue Ideen. Am zweiten Tag erkannte sie, daß sie sehr allein ist, von Anfang an in ihrer Ehe nur ausgenutzt wurde, nie Anerkennung bekam und daß sie ihr eigenes Bedürfnis nach Weltoffenheit, Reisen, Freiheit und Lebensfreude nie ausleben konnte und durfte.
Sie fing erst einmal an zu weinen, als ihr diese Mißstände bewußt wurden. Dann war sie fassungslos, wie sie das alles hatte so lange mitmachen können, und schließlich wurde sie wütend. Als die erste Wut wieder nachließ war sie in einer sehr klaren, aufgeräumten Verfassung und wirkte stärker und freier als je zuvor. Sie erkannte endlich ihre eigenen Lebensumstände. Und jetzt wird es darauf ankommen, wieviel sie von den neuen Erkenntnisse umsetzen kann. Ihrem Mann wird es sicher nicht passen, wenn seine billigste Arbeitskraft eigene Bedürfnisse äußert. Sie erkannte, daß ihre psychosomatischen Erkrankungen aus der totalen Unterdrückung ihrer Bedürfnisse herrühren, und nun gilt es, Entscheidungen zu fällen und zu schauen wie man sich selbst besser verwirklichen kann. Da sie schon vor einigen Monaten mit Energytraining begonnen hat, wird sie genug Kraft haben, ihren eigenen Weg zu finden. Ob die Ehe das übersteht, ist in ihrem Fall zweifelhaft. So weiterleben wie bisher, geht auch nicht. Es würde sie endgültig krank machen.

Diese Entwicklungsschritte können bei jeder Bewußtwerdung beobachtet werden. Der Sinn der Numerologie und der Zahlenmagie besteht in der besseren Einsicht in die Lebensverhältnisse und -aufgaben. Danach sind wir aufgefordert, unsere Einsichten umzusetzen.
Das mag Veränderungen und Krisen mit sich bringen. Doch nach den Krisen kommen garantiert bessere Zeiten, in denen es sich wirklich zu leben lohnt.

Zahlenmagie

Die Zahlenmagie ist ein weiterer Aspekt der Numerologie und geht auf den Tarot zurück, zu dem wir später noch kommen.
In der Zahlenmagie geht es um magische Quadrate, die die frühen Mathematiker und Alchimisten jahrhundertelang fasziniert haben.
In der ersten Stufe werden lediglich die 9 Ziffern im Quadrat angeordnet und man gibt jeder Spalte eine Bedeutung:

Körper	Seele	Geist
1 ☉	2 ☽	3 ♃
4 ♅	5 ☿	6 ♀
7 ♆	8 ♄	9 ♂

Ich will das an dieser Stelle nicht bewerten, denn bei aufmerksamer Betrachtung fallen Ungereimtheiten zur Numerologie ins Auge, die ich die Seiten zuvor abgehandelt habe. Offensichtlich können verschiedene Systeme nicht nahtlos miteinander kombiniert und verglichen werden. Meine eigene Praxis in den vergangenen Jahrzehnten hat mir jedoch gezeigt, daß die Numerologie aus Indien ebenso wie diese Zahlenmagie aus dem europäischen (oder ursprünglich arabischen) Mittelalter sehr wohl interessante Werte liefert. Hier erfahren Sie die Daten, wie sie seit langer Zeit von europäischen und vorder-orientalischen "Studiosi" verwendet wurden.
Wenn in einem Geburtsdatum Zahlen auftauchen, werden sie nach diesem Quadrat geordnet.

__Beispiel:__ 14.8.1949 Addieren Sie die verschiedenen Ziffern nach der obigen Tabelle:

Körper	1+1+4+4	=	**10**
Seele	8	=	**8**
Geist	9+9	=	**18**

Werte unter 10 werden als niedrig bezeichnet, Werte bis 15 als mittel und ab 15 als stark. Dabei geht es mehr um das Gleichgewicht in diesem Menschen, als um einen Vergleich mit anderen Menschen. In unserem Beispiel hätten wir einen Menschen mit guten körperlichen Kräften (Anlagen), seine Seele (Psyche) ist der schwächste Punkt, aber noch recht gut, seine geistigen Anlagen dominieren in jedem Fall. Bei dem Menschen in unserem Beispiel können wir annehmen, daß er eine relativ stabile Gesundheit hat, psychisch nicht immer stabil sein wird, aber diese Labilität durch einen klaren Geist und durch einen gut entwickelten Verstand kompensieren kann. Er wird seine Entscheidungen vom Kopf her treffen und mag etwas kopflastig wirken.

Nehmen wir jetzt noch die numerologischen Daten hinzu: Geburtszahl 5 und Sternenzahl 9, dann sollte er vor allem in seiner Jugend, wo sich die 5 stärker ausprägt, körperliches Training machen, damit der Körper mit den geistigen Leistungen Schritt halten kann. Im fortgeschrittenen Lebensalter wird der Körper dann gefestigter sein (ab 35 Jahre, Einfluß 9, Mars). Seine überdurchschnittlichen geistigen Anlagen werden ihn in der Jugend wissbegierig und lebhaft machen. Er wird leicht Kontakte knüpfen. Später wird er unter dem Einfluß der 9 (Mars) eher pragmatisch handeln.

So wäre er recht gut für eine Position geeignet, bei der es um Koordination, Planung und Kontrolle geht.
Mit diesem Beispiel wird deutlich, daß wir nun von der Numerologie 2 und von der Zahlenmagie 3 Werte zur Verfügung haben und damit schon erstaunlich umfangreiche Aussagen treffen können.
Ich fand diese Überlieferungen anfangs interessant, war jedoch sehr skeptisch. Über mehrere Jahre hinweg sammelte ich Geburtsdaten von Menschen, die ich kennenlernte, von Verwandten, Kollegen usw. Interessanterweise wurde tatsächlich ein System sichtbar: Alle Menschen, mit denen ich auf den ersten Blick gut zurecht kam, hatten auch Zahlen, die gut zu meinen eigenen paßten! Besonders deutlich waren die Ergebnisse aus der Zahlenmagie, denn alle meine echten Freunde hatten sehr hohe Geist-Werte und meist geringe Körper-Werte. Hierbei kommt sicherlich die Kommunikationsfähigkeit zum Ausdruck, die bei Menschen mit hohen oder niedrigen Geistwerten schlicht und einfach verschieden sein dürfte, ohne daß ich damit das eine oder andere als "besser" bezeichnen will.
Aus diesem Grund nutze ich die Zahlenmagie, auch wenn ich bis heute nicht ganz einsehe, warum ausgerechnet die Ziffern 3-6-9 als Geistwerte eingestuft werden. Ich kann nur sagen: Es funktioniert, und darauf kommt es an.
Mit nur wenigen Zahlen können unendlich viele Kombinationen erreicht werden und wenn wir jeder Zahl eine bestimmte Kraft zuordnen, dann entsteht bereits auf diese Weise eine unendliche Vielfalt von Möglichkeiten, Formen, Kräften und Zuständen. Mit wenigen Zahlen fangen wir das ganze Universum ein!
Der Mathematiker Rosemann errechnete einmal, daß sich bereits mit 12 Tischgästen 400 Millionen verschiedene

Tischordnungen schaffen lassen, mit 32 Skatkarten noch wesentlich mehr Spielkombinationen und das folglich mit unseren 26 Schriftzeichen alles nur erdenkliche aufgeschrieben werden kann.
Fasziniert stellen wir fest, daß die Fülle der Kombinationsmöglichkeiten bei unseren 48 Chromosomen mit ihren jeweils Tausenden von Genen ins Unermeßliche steigt! Dabei gibt es nur 4 verschiedene Nukleinsäuren, die jeweils nur zu zweit kombiniert werden können: Adenin mit Thymin und Guanin mit Cytosin. Diese 4 Elemente reichen aus, um die ganze Vielfalt des Lebens hier auf Erden zu programmieren und mit unendlichen Variationen weiterzufüheren.
Man schätzt, daß unser Gehirn 12 Milliarden Ganglienzellen umfaßt, die in einer noch ungezählten Fülle von Kombinationen miteinander verbunden sind. Die Großhirnrinde soll ca. 9,2 Milliarden Ganglien enthalten. Bereits eine Million Nervenzellen in allen möglichen Kombinationen ergibt nach Überlegungen von Herrick eine Zahl von $10^{2\,783\,600}$ Schaltungen. Unser ganzes bekanntes Universum enthält jedoch nach vorsichtigen Schätzungen der Astrophysik 10^{66} Atome!
So wird also verständlich, warum die Wissenschafler darauf hinweisen, daß unser Gehirn allein von der Speicher- und Kombinationsmöglichkeit her mit allem nur erdenklichen Wissen über diese Erde, über die Entwicklungsgeschichte und alle Formen menschlicher Kultur einschließlich aller heute existierenden Computer-Speicher noch nicht einmal zu einem Prozent ausgelastet ist!
Derartige Überlegungen lassen uns erschüttert zurück. Sie werfen die Frage auf, wer oder was denn der Mensch eigentlich ist, wenn augenscheinlich alles Wissen in und um dieses Universum in einem einzigen menschlichen Gehirn

Platz hat und dann noch unermeßlicher Spielraum für Kalkulationen und Spiele zur Verfügung steht!
Machen Sie sich das einmal bewußt: Ihr Gehirn ist in der Lage alles Wissen dieses Universums, alle Daten, Zahlen und Fakten, alle Kombinationsmöglichkeiten und Atome in sich aufzunehmen!
In vergangenen Generationen haben einige Geistesforscher postuliert: Das Universum befindet sich IN uns! Das war die herrausragende Idee, die auch die Alchimisten des Mittealters beschäftigte.
Im Verlauf meiner spirituellen Ausbildung und Entwicklung begann ich 1990 mediale Botschaften von verschiedenen Lichtwesenheiten zu channeln. Bald schon kristallisierte sich Horus als mein geistiger Führer heraus.
Genau wie die Mystiker des Mittelalters und der Vorzeit wies er mich irgendwann daraufhin, daß sich "das Universum IN uns befindet"!

Mit diesen Zahlenspielen und Spekulationen versetzen wir uns also in die Lage, bis dato unsichtbare, unbekannte Zusammenhänge und Prozesse zu erfassen. Das verhilft uns zu einem besseren Verständnis des Lebens und der Welt.
Werfen wir noch einen Blick auf die magischen Quadrate, deren Geheimnis eigentlich nur darin besteht, daß jede Quersumme den gleichen Wert ergibt, in jeder Zeile, in jeder Spalte und auch diagonal. Welche Bedeutung man dann der Position der einzelnen Zahlen beimißt oder welche okkulten Verbindungen darin erkannt werden können, sei dahingestellt.
Wenn wir uns hier am Anfang der "Einführung in die Esoterik" mit der Numerologie befassen, dann auch deshalb, weil wir später die Bedeutung der verschiedenen Zahlen

kennen sollten, wenn wir zu anderen Gebieten kommen. Wir können die Numerologie nicht nur überall im alltäglichen Leben anwenden, für Geburtshoroskope und für die Analyse von wichtigen Terminen, sondern wir brauchen die Werte für ein besseres Verständnis des Tarot.
Als Anregung für eigene Überlegungen möchte ich Ihnen mit auf den Weg geben, daß Sie einmal die großen Arcana des Tarot in dieser Weise auswählen, legen und sich dann ihre Gedanken darüber machen, welche Wechselwirkungen dabei sichtbar werden.
Nehmen Sie einmal die Karten zur Hand und wählen Sie die Karten nach ihren Nummern aus. Legen Sie sie dann nach dem Muster der Magischen Quadrate auf einen Tisch, oder nach dem Muster der Zahlenmagie weiter oben.
Wenn Sie das Muster der Magischen Quadrate benutzen, was für Verbindungen gibt es zwischen den Karten 4 - 9 - 2 oder 10 - 2 - 3 ? Was verbindet die Spalte von 4 - 3 - 8 oder die Diagonale von 4 - 5 - 6 ? Auf diese Weise werden für uns spielerisch neue Zusammenhänge sichbar.

Magisches Quadrat 1:

4	9	2
3	5	7
8	1	6

Quersumme 15

Magisches Quadrat 2:

10	2	3
6	7	8
5	6	4

Quersumme 21.

Die Geheimnisse der Zahlen und des Tarot werden sich dann offenbaren, wenn wir gelassen und entspannt an die Aufgabe herangehen. Wir lernen auf diesem Weg, unsere Intuition zu reaktivieren, die in der modernen Industriegesellschaft oft genug vom Verstand unterdrückt wird.

Bestimme Sie die Zahlenwerte für jeden Tag in Ihrem Kalender!

Auf diese Weise bekommen Sie durch die regelmäßige Beachtung der Zahlen ein Gefühl für die Zusammenhänge.
Sie können für jeden Tag im Monat schauen, wo Ihre guten und nicht so guten Tage liegen. Auf diese Weise vermeiden Sie es, wichtige Entscheidungen an schlechten Tagen zu treffen. Da die Tabelle zyklisch verläuft kann man sie leicht von Hand berechnen und im Kalender dazu schreiben.
Berechnen Sie stets das ganze Datum. Ich habe nur der Einfachheit halber die Jahreszahl weggelassen.

Datum	Zahlenwerte	Notizen
1.5.2000	1 - 8	.
2.5.2000	2 - 9	.
3.5.	3 - 1	.
4.5.	4 - 2	.
5.5.	5 - 3	.
6.5.	6 - 4	.
7.5.	7 - 5	.
8.5.	8 - 6	.
9.5.	9 - 7	.
10.5.	1 - 8	.
11.5.	s.o., ff.	.

Goethe's Zahlenmagie: Das Hexen-Einmaleins

Die großen Denker der Vergangenheit waren allesamt "Universalgelehrte". Sie studierten nach und nach alles, was an Wissen geboten wurde. Das kommt sehr deutlich in Goethes Faust I. zum Ausdruck.

"Habe nun ach! Philosophie,
Juristerei und Medizin,
und leider auch Theologie
durchaus studiert mit heißem Bemühn.
Da steh ich nun, ich armer Tor!
Und bin so klug als wie zuvor..."

Goethe bringt hier zum Ausdruck, daß er alles studiert hat, was die normale Wissenschaft bietet, und es hat letztlich nichts gebracht. Den wahren Geheimnissen des Lebens und der Natur ist er dadurch nicht näher gekommen.

"Drum habe ich mich, weil nichts geblieben,
schließlich der Magie verschrieben,
daß mir durch Geistes Kraft und Mund
manches Geheimnis würde kund;
daß ich erkenne was die Welt
im Innersten zusammenhält,
schau alle Wirkenskraft und Samen
und tu nicht mehr in Worten kramen."

Die normalen Denker, die unsere Gesellschaft mit ihren Institutionen hervorbringt, reden immer nur mit anderen Worten über die gleichen Sachen, aber die Essenz des Lebens bekommen sie gar nicht zu fassen. Darum hat er sich

der Magie verschrieben, die einzige Wissenschaft von den Naturkräften, die über den gesellschaftlichen und christlichen Rahmen hinaus geht.
Er fährt fort:

"Fliehe hinaus aufs weite Land!
Und dies geheimnisvolle Buch,
von Nostradamus eigner Hand,
ist Dir das nicht Geleit genug?
Erkennst Du dann der Sterne Lauf,
und wenn Natur Dich unterweist,
dann geht die Seelenkraft Dir auf,
wie spricht ein Geist zum andern Geist.
Ihr schwebt, ihr Geister neben mir:
Antwortet mir, wenn ihr mich hört!"

Goethe erkannte also genau wie jeder spirituell Suchende heute, daß irgendwann der Zeitpunkt kommt, wo wir uns der Natur öffnen müssen. Das wahre Wissen kommt aus der Energie des Lebens, nicht aus den Texten, die darüber geschrieben werden. Darum wird der Zeitpunkt kommen, wo wir die Städte fliehen und aufs Land gehen, um der Natur näher zu sein.
Gerade jetzt, in diesem Moment, wo ich mich veranlaßt fühle diese Worte niederzuschreiben, geht draußen nach einem regnerischen Tag in vollem Glanz die Abendsonne auf und strahlt so hell durch mein Fenster, daß ich nur noch die Tasten erkennen kann, aber den Bildschirm nicht mehr richtig sehe.
Goethe (Faust) fühlt die Geister neben sich und ich empfange zugleich das unerwartete Strahlen der Sonne als ein Zeichen, daß auch meine Energie verstärkt fließen läßt.

In diesem Moment schlägt Faust das Buch des Nostradamus auf und sagt verzückt:

"Ha!
Welche Wonne fließt in diesem Blick
auf einmal durch all mein sinnen!
Ich fühle junges, heilges Lebensglück
Neuglühend mir durch Nerv und Adern rinnen.
War es ein Gott, der diese Zeichen schrieb,
die mir das innere Toben stillen,
das arme Herz mit Freude füllen,
und mit geheimnisvollem Trieb
die Kräfte der Natur
rings um mich her enthüllen?
Bin ich Gott? Mir wird so licht!
Ich schau in diesen reinen Zügen
die wirkende Natur vor meiner Seele liegen.
Jetzt erst erkenn ich, was der Weise spricht:
Die Geisterwelt ist nicht verschlossen;
Dein Sinn ist zu, Dein Herz ist tot!
Auf, bade, Schüler, unverdrossen,
die irdische Brust im Morgenrot!"

Zwar war es soeben bei mir die Abendsonne, jedoch das Gefühl der Belehrung aus der Natur, durch die Kräfte der Sonne, die hier auf meine Seele wirken, ist es wert sofort festgehalten zu werden.
Gewiß könnte ich nun eine Abhandlung über den Faust schreiben, die so schnell kein Ende nimmt. Doch ich will zu unserem Thema, der Zahlenmagie zurückkehren. Halten wir fest, daß für die "deutsche Geistesgröße" Goethe die Beschäftigung mit Magie, die Prophezeihungen des

Nostradamus und Channelbotschaften aus der Geisterwelt wertvoller waren als die verstaubten Lehren der bürgerlichen Wissenschaft. Was den Schülern heute geboten wird, ist eine einseitige Verstümmelung von Goethes Werk durch die Spießer und Bürokraten, die er ablehnte.

<u>Kommen wir zu Goethes Zahlenmagie:</u>

Du mußt verstehn!
Aus 1 mach 10
und 2 laß gehn
und 3 mach gleich -
so bist Du reich!
Verlier die 4
Aus 5 und 6
so sagt die Hex'
mach 7 und 8:
Dann ist's vollbracht.
Die 9 ist 1
und 10 ist keins.
Das ist das Hexen-Einmal eins!

Interpretation nach der Numerologie

Du mußt verstehn!	
Aus 1 mach 101 =	Sonne und 10 = 1 sind gleich
und 2 laß gehn	2 = Mond, laß Dich nicht von den Gefühlen einfangen
und 3 mach gleich -	3 = Jupiter, nutze diese Energie wenn sie sich zeigt, aber so bist Du reich! Falle ihr nicht zum Opfer, dann bist Du reich!

Verlier die 4	4 = verzichte auf die umstürzlerischen Kräfte des Uranus
Aus 5 und 6	aus 5 = Kommunikation in der Welt, mache 7 = Neptun = so sagt die Hex' die Kommunikation mit der jenseitigen Welt
mach 7 und 8:	und aus 6 = Venus, Tändelei, andere beeinflussen, machen 8 = Dann ist's vollbracht. Saturn = Karma aufarbeiten statt verursachen
Die 9 ist 1	9 = Mars, ist der weltliche Aspekt der 1
und 10 ist keins.	und 10 ist keine extra Zahl, es ist wieder die Sonne

Das ist das Hexen-Einmal eins!

Fassen wir es noch einmal in anderen Worten zusammen: Durchgeistige die 1 (Sonne), halte dich nicht mit den Gefühlen auf (2, Mond), falle nicht den Machtgelüsten des Jupiter, 3, zum Opfer, dann bist Du reich! Überwinde die Widerspruchsphase des Uranus, 4, und aus Merkur (5) mit seinen Diskussionen mache 7 (Neptun, die spirituelle Suche), sowie aus der Venus (6), die durch emotionale Bindungen Karma schafft, werde zur 8 (Saturn), der Karma aufarbeitet. Und 9 (Mars) ist der pragmatische, weltliche Aspekt in der Sonne, 1; wenn Du also die Sonneneinflüsse verstanden hast, dann bist Du auch dem Marselement gewachsen. Und 10 gibt es gar nicht, weil alles stets wiederkehrt und nur in neuer Form von vorn beginnt!

Der innere Wert einer Zahl

Kommen wir zu einer weiteren Methode der Zahlenmagie und der Kabbalistik! Der innere Wert einer Zahl wird bestimmt durch die Addition aller darin enthaltenen Zahlen, z.B.:

Zahl	Hinweis	Berechnung	innerer Wert 1	Hinweise zum inneren Wert	innerer Wert 2 Quersumme	Hinweise zum inneren Wert 2
1	Sonne	1	1	Sonne, Urenergie	1	Sonne
2	Mond	1 + 2	3	Jupiter, die Anwendung dieser Energie	3	Jupiter
3	Jupiter	1 + 2 + 3	6	Venus, die emotionale Form dieser Energie	6	Venus
4	Uranus	1 + 2 + 3 + 4	10	Sonnenkraft, Weltenrad	1	Sonne
5	Merkus	1 + 2 + 3 + 4 + 5	15	der Teufel, weltliche Manifestation der Energie	6	Venus
6	Venus	1+ 2 + 3 + 4 + 5 + 6	21	das Universum, die Welt	3	Jupiter
7	Neptun	1+2 + 3 + 4 + 5 + 6 + 7	28	4 x 7 Jahre Entwicklungszyklen des Menschen	1	Sonne
8	Saturn	1+2 + 3 + 4 + 5 + 6 + 7 + 8	36		9	Mars

9	Mars	1+2+3+4 +5+6+7+ 8+9	45		9	Mars
10	Sonne	1+2+3+4 +5+6+7+ 8+9+10	55	die Zahl des Diamanten	1	Sonne
11	Mond	1+2+3+4 +5+6+7+ 8+9+10+ 11	66	I Ging + Yin + Yang	3	Jupiter
12	Jupiter	1+2+3+4 +5+6+7+ 8+9+10+ 11+12	78	Tarotkarten	6	Venus
13	Uranus	1+2+3+4 +5+6+7+ 8+9+10+ 11+12+13	91		1	Sonne
14	Merkur	1+2+3+4 +5+6+7+ 8+9+10+ 11+12+13 +14	105		6	Venus
15	Venus	1+2+3+4 +5+6+7+ 8+9+10+ 11+12+13 +14+15	120		3	Jupiter
16	Neptun	1+2+3+4 +5+6+7+ 8+9+10+ 11+12+13 +14+15+ 16	136		9	Mars
17	Saturn	1+2+3+4 +5+6+7+ 8+9+10+ 11+12+13 +14+15+ 16+17	153		9	Mars
18	Mars	1+2+3+4 +5+6+7+ 8+9+10+ 11+12+13 +14+15+ 16+17+18	171		9	Mars
19	Sonne	1+2+3+4 +5+6+7+ 8+9+10+ 11+12+13 +14+15+ 16+17+18 +19	180		9	Mars

20	Mond	1 + 2 + 3 + 4 + 5 + 6 + 7 + 8 + 9 + 10 + 11 + 12 + 13 + 14 + 15 + 16 + 17 + 18 + 19 + 20	200		2	Mond
21	Jupiter	1 + 2 + 3 + 4 + 5 + 6 + 7 + 8 + 9 + 10 + 11 + 12 + 13 + 14 + 15 + 16 + 17 + 18 + 19 + 20 + 21	221		5	Merkur
22	Uranus	1 + 2 + 3 + 4 + 5 + 6 + 7 + 8 + 9 + 10 + 11 + 12 + 13 + 14 + 15 + 16 + 17 + 18 + 19 + 20 + 21 + 22	243		9	Mars
23	Merkus	1 + 2 + 3 + 4 + 5 + 6 + 7 + 8 + 9 + 10 + 11 + 12 + 13 + 14 + 15 + 16 + 17 + 18 + 19 + 20 + 21 + 22 + 23	266		5	Merkur
24	Venus	1 + 2 + 3 + 4 + 5 + 6 + 7 + 8 + 9 + 10 + 11 + 12 + 13 + 14 + 15 + 16 + 17 + 18 + 19 + 20 + 21 + 22 + 23 + 24	290		2	Mond
25	Neptun	1 + 2 + 3 + 4 + 5 + 6 + 7 + 8 + 9 + 10 + 11 + 12 + 13 + 14 + 15 + 16 + 17 + 18 + 19 + 20 + 21 + 22 + 23 + 24 + 25	315		9	Mars
26	Saturn	1 + 2 + 3 + 4 + 5 + 6 + 7 + 8 + 9 + 10 + 11 + 12 + 13 + 14 + 15 + 16 + 17 + 18 + 19 + 20 + 21 + 22 + 23 + 24 + 25 + 26	341		8	Saturn

27	Mars	1 + 2 + 3 + 4 + 5 + 6 + 7 + 8 + 9 + 10 + 11 + 12 + 13 + 14 + 15 + 16 + 17 + 18 + 19 + 20 + 21 + 22 + 23 + 24 + 25 + 26 + 27	368		8	Saturn
28	Sonne	1 + 2 + 3 + 4 + 5 + 6 + 7 + 8 + 9 + 10 + 11 + 12 + 13 + 14 + 15 + 16 + 17 + 18 + 19 + 20 + 21 + 22 + 23 + 24 + 25 + 26 + 27 + 28	396		9	Mars
29	Mond	1 + 2 + 3 + 4 + 5 + 6 + 7 + 8 + 9 + 10 + 11 + 12 + 13 + 14 + 15 + 16 + 17 + 18 + 19 + 20 + 21 + 22 + 23 + 24 + 25 + 26 + 27 + 28 + 29	425		2	Mond
30	Jupiter	1 + 2 + 3 + 4 + 5 + 6 + 7 + 8 + 9 + 10 + 11 + 12 + 13 + 14 + 15 + 16 + 17 + 18 + 19 + 20 + 21 + 22 + 23 + 24 + 25 + 26 + 27 + 28 + 29 + 30	455		5	Merkur

In die leeren Fächer können Sie Hinweise eintragen, die von Bedeutung sind. Ich möchte diese Tabelle jetzt nicht weiterführen, doch wenn Sie aufmerksam hinschauen werden Sie bemerken, daß es bei den inneren Werten (2) eine innere Gesetzmäßigkeit gibt. Bestimmte Zahlenfolgen wechseln sich in einem bestimmten Rhythmus ab. Für eine Analyse kann man nun aus den verschiedenen Tabellen den Wert 10 suchen, z.B. im Hebräischen das Iod, der

Mittelpunkt des Alphabeths und der Kabbalah, oder den Wert von 55 = 50 + 5, hebräisch N und E; I oder Iod ist der Ursprung an sich, N (Nun) drückt die ewige Schwingung in allem aus, ~~~~ = N, das ewige Unveränderliche und 5 (He) bezeichnet das Schöne, die Schaffung der Elemente.

Im Ursprung (Iod) sind also das Unveränderliche (Nun) und die Schaffung der Elemente (He) enthalten. Außerdem fällt auf, daß 55 die Zahl der Facetten auf einem Diamanten ist, der zum Brillianten geschliffen wurde.

Die Ersten, die sich mit der Zahlenmagie ausführlich befaßten und daraus kosmische Zusammenhänge ableiteten, waren Phythagoras und seine Schüler (570-495 v.C.). Für sie war von besonderer Bedeutung die 1 (Monas = die Einheit), 2 (Dyas = das Erzeugende, Isis), 3 (Trias = die Vereinigung von Materie und Form = Gott) und 4 (Tetras = 2 x 2 = die Aufhebung aller Gegensätze). Sie waren die ersten, die den inneren Wert einer Zsahl erkannten, nämlich den inneren Wert der 10 = 4 = 1, zugleich 5 Gegensatzpaare (1+9, 2+8, 3+7, 4+6), woraus sich das ganze Universum mit all seinen Kräften ableiten läßt.

Sie waren die ersten, die erkannten, daß die Musik nur aus mathematischen Formeln = Frequenzen hergeleitet werden kann. Sie bauten dazu den Monocord, ein Instrument mit nur einer Saite, auf dem man 1, 1/2, 1/3, 1/4, 1/8 abgeifen konnte um so die Harmonie in der Natur hörbar zu machen. Mit der 3 kann das ganze Universum beschrieben und erfaßt werden: 3 Richtungen beschreiben den Raum = Länge, Breite, Höhe, und 3 Richtungen die Zeit = Vergangenheit, Gegenwart und Zukunft. Sokrates und Platon führten die Arbeit der Pythagoräer weiter. Der ewige Kreislauf der Reincarnation war Ihnen bekannt.

Namensanalyse

Natürlich ist mit Hilfe der Numerologie auch eine Namensanalyse möglich. Verwenden Sie die Tabelle unseres deutschen (lateinischen) Alphabeths auf den folgenden Seiten für eine numerologische Analyse mit den Buchstaben-Ziffern:

K Y B O R G - I N S T I T U T
11 25 2 15 18 7 9 14 19 20 9 20 21 9
Summe: 78 121 199
6 4 1

Daraus können wir u.a. ablesen, daß der Begriff KYBORG die Zahl 78 ergibt, d.h. die Vollständigkeit der 78 Stufen des Tarots umfaßt. Des weiteren ergibt INSTITUT die Zahl 121, darin ist die Zahl der magischen 11 gleich 11 mal enthalten: 11 zum Quadrat. Aus gutem Grund wurde also der Begriff Institut für alle wissenschatlichen Einrichtungen gewählt, weil dieser Begriff Chancen zur Realisation magischer Kräfte und magischen Wissens beinhaltet! Wenn ich die heutige Wissenschaft als derzeit amtierende "Weißkittel-Priesterkaste" bezeichne, die eben auf ihre Art in den "Tempeln der Wissenschaft" laborieren, dann trifft das noch genauer zu, als die äußere Show vermuten läßt.
Reduzieren wir die Zahlen noch weiter, so erhalten wir für KYBORG 6, die Zahl der Venus und der Liebe. Der Inhalt unserer Tätigkeit ist tief innerlich die Vermittlung von etwas mehr Liebe zu und zwischen den Menschen, daneben kommt Forschung, Aufklärung und Therapie. Bei der Therapie spielt Liebe zu sich selbst eine ganz große Rolle, denn krank wird nur, wer nicht in ausreichendem Maße an sich

selbst glauben kann! Wer sich selbst eines Tages voll und ganz annehmen kann, wer sich selbst in einer ehrlichen Weise zu lieben beginnt, der braucht keine Hilfe und Therapie mehr. Er hilft sich und auch den anderen selbst.

Der Begriff INSTITUT ergibt bei der Reduktion 4, Uranus, und damit die Kraft zu tiefgreifenden, revolutionären Veränderungen. Wissenschaftliche Institute aller Art arbeiten daran, durch neue Erkenntnisse die Welt zu verändern. Die Summe beider Summen, die Quersumme aller Zahlen, ergibt also die Sonne. Das Kyborg Institut repräsentiert also tief innerlich die Urkraft aus der wir alle hervorgegangen sind. Wenn wir diese Kraft der Sonne über die Liebe der Venus und mit dem Engagement zu Veränderungen des Uranus zum Ausdruck bringen, dann tragen wir bei zu einer positiven Weiterentwicklung der menschlichen Kultur. Das war meine Absicht bei der Gründung.

Ich empfehle Ihnen, in diesem Sinne beliebige Namen und Begriffe zu analysieren. Auf diese Weise lernen Sie zu verstehen und den Wert derartiger Methoden zu nutzen.
Wenn Sie auf die gleiche Weise die Buchstaben-Werte auf S. 43 anwenden, erhalten Sie eine kabbalistische Analyse. Für eine magische Analyse verwenden Sie bitte die "inneren Werte"!

Tabelle für Ihre Geburtsanalysen

Damit Sie mehr Gefühl für die Numerologie bekommen, ist es wichtig, Daten zu sammeln. Versuchen Sie in der nächsten Zeit möglichst viele Geburtsdaten in Erfahrung zu bringen, von Menschen, die Sie kennen. Sammeln Sie diese Daten nach folgendem Muster und überlegen Sie dann, wie Sie zu diesen Menschen stehen!

Wer sind Ihre Freunde? Mit wem verbindet Sie Sympathie, mit wem nicht? Sobald Sie diese Liste voll haben, werden Sie noch besser verstehen, was gemeint ist. Wenn die Tabelle nicht reicht, machen Sie sich Fotokopien. Am Besten gleich von der leeren Liste!

GZ - SZ = Geburtszahl und **Sternenzahl**

K - S - G = Gleichgewicht von **Körper - Seele - Geist** nach der Zahlenmagie

Nr.	Name	Datum	GZ - SZ	K	S	G	Raum für Ihre Notizen
0	Maya	23.4.1986	5 - 6	5	10	18	
1							
2							
3							
4							
5							
6							
7							
8							

9							
10							
11							
12							
13							
14							
15							
16							
17							
18							
19							
20							
21							
22							
23							
24							
25							
26							
27							
28							
29							
30							

Die Kábbalah

Das Wort "Kábbalah" ist hebräisch und bedeutet "Überlieferung". Das ist sie zweifellos! In der für uns heute zugänglichen Form wurde sie seit dem europäischen Mittelalter überliefert. Sie besteht aus verschiedenen Texten und Teilen. Die Kabbalah ist eigentlich ein Komplex von Lehren und Schriften über die tägliche Moral, Elemente der jüdischen Weltanschauung und über den Versuch, den Aufbau des Universums irgendwie in Worte, Begriffe und Symbole zu fassen und mitzuteilen.

Berichtet wird hier im traditionellen Sinne über die Urkraft Gottes und seine Emanationen (Ausströmungen), die Sephirot, göttliche Kräfte, in denen sich das Wirken Gottes im Universum und auf Erden manifestiert. Die Juden verfügen erst seit Moses über diese Lehren. Moses war in Ägypten in die Priesterdienste eingeweiht worden und dabei in den Besitz dieser Lehren gelangt. In ähnlicher Form finden wir den Inhalt derartiger kosmologischer Betrachtungen bei der noch älteren Kultur Persiens und dorthin gelangte dieses Wissen auf dem Wege aus Antlantis über die Gobi nach Tibet und Indien.

Wir können also sagen, daß die Kabbalah zwar eine jüdische Überlieferung ist, jedoch keineswegs jüdischen Ursprungs, was ihre universelle Entwicklungsgeschichte angeht (ihre Kosmogonie). Die daraus abgeleiteten und mit überlieferten Moralvorstellungen und Weltanschauungen sind jedoch hebräischen Ursprungs.

Der Kern der Kabbalah ist jedoch atlantischen Ursprungs und wurde von dort herübergerettet in unsere Zeit. Die Kabbalah ist so komplex, daß ich Ihnen hier nur einen kleinen Ausschnitt vermitteln kann. Doch erscheint mir das im folgenden vermittelte Denkschema ein gutes Instrument zu sein, um unbewußte, unsichtbarte (okkulte = dunkle) Zusammenhänge zu erhellen.

Die Kabbalah in der hier überlieferten Form kann uns Hilfe bieten bei der Analyse unserer eigenen Natur und Beistand leisten bei unseren Überlegungen über Ursprung und Ziel der universellen Existenz. Nach Überzeugung der Kabbalisten bieten diese Analysen und Betrachtungen dann die Möglichkeit, durch Anwendung und Denken der Symbole in vertiefter Konzentration auf die Umwelt und das Universum einzuwirken. Das ist praktische Magie. In ähnlicher Weise verwenden heute die Reiki-Anhänger japanische Symbole, um für ihre Heilungszeremonien mehr Kraft zu aktivieren.

Dabei sollte nicht unerwähnt bleiben, daß es auch heute noch jüdische Kabbalisten gibt, die z.B. mit kabbalistischen Sprüchen und Flüchen in das politische Geschehen in Israel eingreifen, mit der vollen Überzeugung, daß ihre magischen Sprüche die Verhältnisse zu ihren Gunsten wenden werden. Ebenso wie die Kernphysiker physikalische Gesetze und Strukturen erkannt haben und nun Atome spalten, um ungeheure Kräfte zu beschwören, die uns alle vernichten können (Atombomben und Kernkraftwerke), sind die orthodoxen Kabbalisten der Überzeugung, daß sie diese Welt manipulieren können. Ähnlich den Kernphysikern laufen sie Gefahr, durch die Geister, die sie beschwören, vernichtet zu werden, in welcher Weise auch immer.

Der Versuch, die Kabbalah und die darin beschriebenen Kräfte für magische Macht - Manipulationen einzusetzen, Feinde damit zu bekämpfen, Politik zu machen usw. sind typisch schwarzmagische Praktiken, die in der

Vergangenheit oft genug die positiven Möglichkeiten der Mystik und der Esoterik in Verruf gebracht haben.
Natürlich ist es möglich, jemanden mit diesen Methoden zu beeinflussen, ihn zu manipulieren und ihm zu schaden. Aber nur wenn man selbst eine gehörige Menge Arroganz und Dummheit sein eigen nennt, wird man glauben können, daß man damit ungestraft davon kommt.
Das Universum kennt so etwas wie "Strafe" nicht im christlichen Sinne, daß da ein Gott sei, der hingeht und jemanden bestraft. Das Universum funktioniert auf der elementaren Basis des Ausgleichs der Kräfte. Was immer und überall wirkt, ist das **Gesetz von Ursache und Wirkung.** Wenn ich einen Stein ins Wasser werfe, wird das Wasser verdrängt. Das Wasser verändert sich nicht, nur seinen Aufenthaltsort.
Nun möchte ich hier nicht das ganze Spiel des Karma aufrollen und analysieren, aber wer andere schädigt, schädigt sich selbst. Ob er die Rechnung jetzt bezahlt oder erst im nächsten Leben, wird sich zeigen. Gerade jetzt wurden mir aus Rückführungen Geschichten bekannt, wo einige Menschen Karma aufarbeiten mußten, daß sie selbst vor rund 800 Jahren verursacht hatten. Das Universum straft nicht, es vergißt nicht, es schafft einfach einen Ausgleich, wann und wie auch immer. Es ist neutral und auf diese Weise immer gerecht.
Das Universum tut nichts. Wir selbst sind es, die dauernd handelnd eingreifen und "mitmischen". Der schnellste Weg, das Rad des Karma zu verlassen ist "verzeihen". Erst in dem Moment wo wir auf Revanche und Rache verzichten, freiwillig zurücktreten und selbst Ruhe geben, entziehen wir uns diesem kosmischen Spiel vom ewigen Ausgleich.

Aus diesem Grund sollten Sie alle neuen Einsichten und Erkenntnisse nutzen, um die Welt und Ihr Leben besser zu verstehen. Es wird Ihr Leben bereichern. Vermeiden Sie jede Art der Einflußnahme auf andere Menschen. Kümmern Sie sich um Ihre eigenen Angelegenheiten!

Wir wollen uns jetzt der analytischen Seite zuwenden. Die Kabbalah kann uns weitere Erkenntnisse liefern. Mit diesen Erkenntnissen wachsen unsere Einsichten und unser Verständnis für diese Welt.
Alle Erkenntnisse, die unser Weltbild erweitern, bringen uns unserem Ziel näher: Dem Ursprung, aus dem wir selbst einst gekommen sind und zu dem wir - bewußt oder unbewußt - zurückkehren.
Die uralte Tradition der Überlieferung ist auch die Ursache für zahlreiche Differenzen zwischen den verschiedenen Schreibern und Gelehrten. Jeder, der sich tiefergehend mit der Kabbalah befaßt, wird auf diese Widersprüche stoßen. Das ist ein Grund, warum ich lieber nur die elementaren Grundlagen vermittle, um unser Weltbild etwas zu erweitern, statt hier die Last der Arbeit und auch der Verantwortung auf mich zu nehmen, daß alles richtig interpretieren zu wollen.
Hier sei ein Wort des bedeutenden Magiers und Kabbalisten Aleister Crowley zitiert: "Trete nicht in die Fußstapfen Deines Lehrers, sondern schaffe Dir Deine eigene Kabbalah, die Deinen Anforderungen gerecht wird!"

Die Praxis

Die alten Juden kannten keine Zahlen. Sie verwendeten Buchstaben, ebenso wie die Griechen. Jedem Buchstaben wurde also nicht nur eine Ziffer zugeordnet (1 = A = Aleph), sondern außerdem noch ein Zahlenwert. Durch diese Zahlenwerte entstanden verschiedene Ebenen:

1 - 10 die Ebene der Ersten Welt, die Welt der Engel, die unsichtbare Welt

11 - 16 die Ebene der Zweiten Welt, die Welt der Erzengel und Gestirne, die sichtbare Welt

17 - 22 die Ebene der Dritten Welt, der elementaren Welt und des heiligen Geistes, wobei Thau (22) das Symbol des Menschen ist, als Manifestation des Wirken Gottes auf Erden.

Dadurch, daß in der Lehre der Kabbalah jedes Zeichen, jeder Buchstabe einen Wert hat und eine symbolische Bedeutung, ist es nach Überzeugung der Kabbalisten möglich, Wörter zu zerlegen, umzustellen, rückwärts zu lesen usw., denn wenn ein Wort oder ein Begriff aus den gleichen Symbolen besteht, hat dieses Wort den gleichen Wert und den gleichen Sinn wie alle anderen Worte, die aus den gleichen Zeichen zusammengesetzt sind.
Hier finden wir also den grundlegenden Gedanken der frühen Alchimisten des Altertums wieder, daß "Alles in Allem enthalten ist!".
In den folgenden Tabellen sind die grundlegenden Werte und Bedeutungen der hebräischen Buchstaben aufgelistet.

Die traditionellen Interpretationen gehen noch wesentlich weiter, doch das würde den Rahmen meiner Einführung sprengen.
Es kommt mir darauf an, genau diese grundlegende Idee zu vermitteln:

"Alles ist in Allem enthalten!"

Die grundlegende Idee der Kabbalah ist es also, den Buchstaben Zahlen zuzuordnen und umgekehrt. So können wir die Zahlenwerte von Worten und Namen bestimmen. Dadurch erkennen wir innere Gemeinsamkeiten, die vorher nicht da waren. Das kann uns helfen, größere Zusammenhänge zu sehen oder Entscheidungen zu treffen.
Die alten Lateiner sagten "Nomen est Omen", also der Name hat eine Aussagekraft. In der Tat haben alle Menschen, die Peter heißen gewisse Gemeinsamkeiten, gewisse Charaktereigenschaften. Seien Sie aufmerksam! Beachten Sie diese Dinge. Eine Frau, die Gertrude heißt, wird sich immer anders verhalten als eine andere, die Lissi heißt.
Es gibt keine Zufälle, und ohne daß sie es wissen, gibt es bereits bei der Zeugung eine innere Übereinkunft, wie das Kind später heißen soll. Das Kind sagt der Mutter oder beiden Eltern, wie es heißt. Spirituelle Eltern sind sich dessen bewußt. Die anderen bekommen es nur nicht mit. Namen sind also Hinweise und Aufgaben, keine Zufälle.
Die Idee, den Buchstaben Zahlenwerte zuzuordnen lohnt sich also und kann unseren Horizont erweitern. Da unser Alphabeth anders aufgebaut ist als das jüdische, bekommen wir 2 Systeme. Es lohnt sich ebenso, das griechische Alphabeth hinzuzuziehen oder die germanische Runenschrift. Mit dieser Betrachtung können Sie Gemeinsamkeiten,

hintergründige Bedeutung und entwicklungsgeschichtliche Ursprünge nicht nur einer, sondern aller Sprachen analysieren! Es ist auf diesem Wege möglich, Querverbindungen zwischen verschiedenen Sprachen zu schaffen und dadurch Paralellen zwischen der Denkweise verschiedener Völker, Kulturen und Zeiten herauszuarbeiten! Da das hebräische Alphabeth nicht alle unsere Begriffe enthält, beginnt an diesem Punkt schon die individuelle Arbeit. Entscheiden Sie selbst, welche Bedeutung Sie unseren Buchstaben beimessen und welchen Zahlenwert wir sinnvollerweise zuteilen. Hierzu kann ich Ihnen Empfehlungen mit auf den Weg geben, aber keine endgültigen Maßstäbe. Betrachten Sie meine Ausführungen als "eine Sicht der Realität". Nehmen Sie dieses Buch als das was es sein soll: Anregungen für eine nicht alltägliche Sicht der Realität, um etwas mehr über die Geheimnisse dieser Welt, des Lebens und des Universums zu erfahren.
Wir wollen nicht unerwähnt lassen, daß eine tiefe Beschäftigung mit der Kabbalah viel Zeit kostet und außerdem unseren Verstand mit einer Unmenge von Daten füttert. Nun sind die heutigen Menschen sowieso schon kopflastig erzogen worden. Wer sich immer mehr mit der Kabbalah befaßt und nicht zusätzlich etwas für die Entwicklung seiner Seele (Gefühle) und seines Körpers tut, der läuft Gefahr, daß er immer theoretischer wird. Es kann sein, daß alle neuen Einsichten nur noch im Verstandes-Hirn rotieren. Der Bezug zur tieferen Intuition geht verloren. Wer zu viel analysiert und zu wenig fühlt und die Kräfte auf sich wirken läßt, kommt vom wahren Weg der Erkenntnis ab. Er bildet sich vielleicht ein, auf dem richtigen Weg zu sein und wird von anderen kaum noch verstanden. Das Herz muß sprechen,

muß sich öffnen, sonst verirren wir uns in den Archiven der kabbalistischen Bibliotheken.
Wenn wir diese Ideen und Analysen auf uns wirken lassen und immer wieder aus unseren Gefühlen heraus wahrnehmen, was da vielleicht gemeint ist, wohin uns die Aussagen der alten Mystiker führen mögen, dann beginnen die geheimen Kräfte der Buchstaben und der magischen Worte zu wirken. So kann es gelingen, daß wir über theoretische Analysen zu einer höheren Intuition kommen. Nur die Intuition kann uns z.B. Zusammenhänge zwischen fremden Sprachen offenbaren, die dann wieder durch Analysen untermauert und ergänzt werden.
Bei unseren Analysen ist es von Bedeutung, aus welcher Sprache ein Wort kommt. Des weiteren ist es sinnvoll, sowohl den Maßstab der betreffenden Sprache (z.B. deutsch oder latein) anzulegen, als auch andere Maßstäbe, z.B. die echten hebräischen kabbalistischen Werte, da das Hebräische eine sehr alte Sprache ist.
Alle heute existierenden Sprachen wurden von Eingeweihten geschaffen. Zumeist im Geheimen formten und wirkten sie unsere modernen Sprachen auf der Basis alter Überlieferungen und in Verbindung mit neuzeitlichem Wissen. Das ist ein Punkt der heute fast völlig in Vergessenheit geraten ist.
Z.B. gab es im 18. Jahrhundert eine "Gesellschaft zur Reinhaltung der deutschen Sprache", der Lessing, Goethe, Schiller etc. angehörten. Sie verfolgten genau dieses Ziel. Im französischen Raum gab es ebenfalls eine solche Vereinigung. Durch das Wirken dieser Männer wurden Sprachen geschaffen, von denen jede ihren eigenen Wert enthält: Das Englische wirkt als Ganzes aufs 1. Chakra, das Französische aufs 2. Chakra und das Deutsche wirkt aufs 3.

Chakra. Holländisch wirkt aufs 4. Chakra und Sanskrit aufs 6. Chakra.
Diese Zusammenhänge sind von Bedeutung, wenn man z.B. Anrufungen göttlicher Kräfte zu seinem Schutz durchführen will (Ritualmagie).
Wenn ich den Ursprung oder den inneren Sinn eines Wortes oder Namen verstehen will, suche ich nach ähnlich klingenden Worten, nach ähnlichen Worten in anderen Sprachen, zerlege die Worte in Silben und Buchstaben, stelle die Silben um, lese rückwärts und bestimme den Zahlenwert.

Beispiel:
französisch "avoir" bedeutet haben, avoir kommt von à voir, d.h. "zu sehen". Das was ich sehen kann, gehört mir, d.h. ich habe ein geistiges Bild davon in mich aufgenommen!

Beispiel:
Samadhi ist der höchste Zustand der Erkenntnis, der Erleuchtung, aus der alten heiligen Sprache Indiens, dem Sanskrit. Rückwärts gelesen, erhalte ich Ihdamas. (Lautverschiebungen muß ich immer in Rechnung stellen, der Dehnlaut "h" kann wegfallen!) Tausche ich I gegen A, entsteht Adamas = griechisch der gottähnliche, vollkommene Mensch. Als Adamas wurde in der griechischen Kultur tatsächlich ein Mensch bezeichnet, der Samadhi erreicht hat! Hinzukommt, daß der Buchstabe A den Wert 1 hat und I den Wert 10, bei der Bildung von Quersummen fällt die Null weg und so sind die beiden Worte identisch!

Beispiel:
Die hebräischen Worte Achad (Einheit) und Ahabha (Liebe) haben beide den Zahlenwert 13, Liebe ist die Suche nach Einheit, nach der verlorenen göttlichen Hälfte. Liebe führt zur Einheit. Ist die Einheit erreicht, geht die Liebe darin auf. Wird eine Einheit zwischen zwei Menschen geschaffen, nennen wir das Liebe. Gleiche Zahlenwerte zeigen also eine innere Verwandschaft verschiedener Worte und Begriffe auf.

Beispiel:
Zahlenanalysen werden in der folgenden Weise gemacht:
GOTT: G = 3 + O (im Hebräischen entweder nicht geschrieben (0) oder als A geschrieben (1) + zweimal T (2x9=18) = 3 + 0/1 + 18 = 21 oder 22.
Das Wort "Gott" hat also je nach Betrachtung den Wert 21 oder 22. Das ist die Zahl der großen Arcana (die großen Geheimnisse) des Tarot. Viele Entwicklungszyklen dauern 21 Tage, z.B. bei der Biene vom Ei bis zum fertigen Insekt, viele Vögel brüten genau 21 Tage. Es sind 21 Jahre des Menschen bis zur "Reife".
Karte 22 im Tarot ist der Narr, der Mensch selbst, der Betrachter. Karte 21 ist im Tarot die Welt, das Universum. Gott wie wir ihn erkennen und benennen ist in dieser Weise die Welt in der wir leben. Gott ist alles, allumfassend! Quersumme von 22 ist 4 = Uranus, das ist die Erscheinungsform Gottes, die einen ständigen Wandel herbeiführt! Mithin wird deutlich, daß dieser Name "Gott" nicht den oder das allerhöchste kosmische Bewußtsein benennt, sondern nur seine relativ weltliche Erscheinungsform, die als Jupiter (Gottvater) auch die Geschicke Roms leitete (Quersumme aus 21 = 3).

Also baut unsere Kultur nicht nur auf dem römischen Recht auf, unsere heutigen Gesetze basieren auf der Art der Gesetze in Rom, sondern sie ist vermittels des Christentums in seiner vatikanischen Form (Mitte von Rom!) ein Erbe der römischen Kultur!

Beispiel:
Im Unterschied zu dem vorhin erwähnten Begriff Adamas (der vergöttlichte Mensch), ist Adamon der "Mann aus der Erde", der irdische Mensch, forme ich Adamon um, erhalte ich z.B. Monada (Lautverschiebung):
Die Monade ist das in einem physischen Leib verkörperte göttliche Einzelwesen, die Individualseele.
Forme ich weiter um, wird aus Adamon = Monade = Damona = Dämon. In der traditionellen Bedeutung kommt Dämon von dem griechischen Wort dei monos, früher als Daimonos geschrieben, d.h. "Einzelgott". Ein Dämon ist also ein kleiner Teil Gottes. Ein Dämon zeichnet sich durch außergewöhnliche, übernatürliche Fähigkeiten aus, ob er böse ist oder nicht, sei dahingestellt.

Fassen wir zusammen:
Adamon ist ein Erdenmensch. Dieser physische Mensch ist die Hülle der Monade, die Hülle für die Individualseele, die ja ein winziger abgespaltener Teil Gottes ist. Wenn diese göttlichen Urkräfte wieder teilweise freigesetzt werden, gewinnt er übernatürliche Fähigkeiten. So kann der betroffene Mensch für seine Mitmenschen zum Dämon werden. Er wird ihnen unheimlich. Er wird zum Übermenschen. Ein Dämon ist jedoch ein dei monos. Was in ihm wirkt ist also sein göttlicher Teil, die göttliche Urkraft, die ihn beseelt und erschaffen hat.

Außerdem steckt in diesem Wort auch noch der Begriff Nomada, ein Hinweis auf die ewig ruhelose Existenz dieser Monade, die in unzähligen Verkörperungen immer wieder in den Erdenkreis eindringt, um ihre Erfahrungen zu machen und um an diesem kosmischen Spiel mitzuwirken. Die Monade zwingt den Menschen zur Rastlosigkeit seiner irdischen Existenz, bis hin zu einem Nomaden-Leben.
Nicht zuletzt weist die nächste Umstellung dieses elementaren Begriffes auf die schöpferische, weibliche Urkraft hin, die alles hervorgebracht hat und immer noch unentwegt am Wirken ist: Madona (Madonna, d.h. eigentlich "von der Mutter gegeben"!).
Adamas - Samadhi, Adamon - Monade - Dämon (dei monos) - Nomade - Madonna. Wir könnten unsere Analyse jetzt auf die Spitze treiben und sagen: Ein Dämon schafft sich einen Adamon, inkarniert sich in ihm als Monade, lebt als Nomade auf Erden und betet schließlich die Madonna an: sich selbst! Ebenso können wir formulieren: Die Monade erschafft sich den Adamon, lebt als Nomade und hat einerseits Angst vor der dunklen Seite in sich, dem Dämon und verehrt die lichte Madonna.
So gewinnen wir auf recht merkwürdige Weise Erkenntnisse, die sehr wohl interessant sind und die dem Uneingeweihten recht abstrakt vorkommen. Sie schärfen jedoch unseren Blick für innere Zusammenhänge und sie steigern unsere Kombinations- und Beobachtungsgabe. Unser Wissen um die Kräfte und Zusammenhänge, die diese Welt in Gang halten, weitet sich aus: Das ist Bewußtseinserweiterung!
Nutzen Sie diese Möglichkeiten einfach dazu, Ihren Blick zu schärfen und die Vielfalt dieser großartigen Welt immer lebhafter und bewußter in sich aufzunehmen. Das nenne ich Bewußtseinserweiterung: Die Erweiterung des bewußten

Teils unseres Seins! Bewußt sein. Bewußtes Sein. Seien Sie bewußt! Sie sollen wissen, daß es Sie gibt, daß Sie da sind, eine Existensberechtigung haben und eine Aufgabe, die dieses Leben lebenswert macht!

Um die alten hebräischen Begriffe und Definitionen richtig zu verstehen braucht es natürlich ein gewisses Maß an Fingerspitzengefühl. Die erforderlichen Tabellen sind beigefügt. Um die richtigen Begriffe für den jeweiligen Fall zutreffend herauszugreifen, braucht man ein großes Maß an Intuition. Wenn Sie spielerisch damit arbeiten möchten, lassen Sie einfach die herausgefundenen Begriffe auf sich wirken, und treffen Sie dann intuitiv eine Entscheidung, was wohl das Richtige sein mag. Denken Sie stets daran, daß es hier um die Aufgabe geht, über Personen, Kräfte, Dinge oder Zusammenhänge die man nicht kennt durch Zahlenmagie etwas herauszufinden. Das ist nicht einfach, aber möglich! Die ganze Wissenschaft besteht aus Dingen, die vorher keiner gewußt, bestenfalls vermutet hat.
Die folgenden beiden Beispiele sollen noch einmal zeigen, was man mit der Kabbalah machen kann. Die Antworten mögen wiederum recht merkwürdig sein, haben aber doch einen Wert.

Beispiel:
Die Analyse des Namens Adolf Hitler ergibt den Zahlenwert 303. Die Bedeutung ist kurzgefaßt: Der Allmächtige, der über die Tiere herrscht: "das große Tier".

Beispiel:
Der Name Mao Tsetung hat den Zahlenwert 183. Die kabbalistische Bedeutung im Klartext sagt aus "Der Mächtige

mit praktischer Vernunft, dem das Unbelebte untersteht". In unseren Worten: Ein großer materalistischer Herrscher.

Je mehr meine Sachkenntnisse und mein Wissen zunehmen, desto besser bin ich in der Lage, den Anforderungen des Lebens gerecht zu werden. Meine Vielseitigkeit ermöglicht es mir nicht nur, esoterische oder spirituelle Erkenntnisse zu gewinnen und meine Entwicklung voranzutreiben, sondern ich kann diese Vielseitigkeit und die neuen analytischen Fähigkeiten überall im Alltag gut gebrauchen.
Obwohl es gar nicht immer darum gehen wird, derartige Analysen zu machen, werden Sie durch dieses analytische Training geistig vielseitiger. Sie lernen die Dinge zu durchschauen und so zu sehen, wie sie wirklich sind: Äußerst vielfältig und doch auf einfachen Prinzipien begründet. Die folgende Tabelle geht auf Eliphas Levi und Papus zurück, "Die Kabbalah", ca. 1900. Papus (1865-1916) war ein spanischer Eingeweihter, der in Paris lebte. Seine Werke über die Kabbalah und den Tarot haben geholfen, diese bedeutenden Werke aus dem Mittelalter in die Neuzeit zu retten. Levi wurde bereits 1810 in Paris geboren, starb 1875 und wir können davon ausgehen, daß seine Werke über die jüdische Geheimlehre Papus bekannt waren. Möglicherweise gehörten beide Männer zu einem Rosenkreuzer-Geheimbund, der versuchte, die mystischen Lehren der Kabbalah und des Tarot zu erforschen.
Als ich versuchte, die hebräischen Schriftzeichen mit Hilfe meines PC auszudrucken, mußte ich feststellen, daß dieses Computerprogramm einige Fehler enthält und nur teilweise verwendet werden kann. Da waren wohl wieder ein paar Dilettanten am Werk, die keine Ahnung von der hebräischen Schrift haben. Die israelischen Botschaft schickte mir

die Bestätigung per fax, so daß ich die alten Aufzeichnungen von Papus (1900) und Levi (1850) überprüfen konnte. Wenn wir uns mit diesen Werken beschäftigen, sollten wir trotzdem nicht versäumen, intuitiv an die Aussagen heranzugehen. Der Versuch, die jenseitigen Kräfte und ihre Auswirkungen auf die diesseitige Welt in Tabellen und Katalogen zu erfassen, kann leicht zu einer sehr weltlichen, mechanistischen Idee entarten. Im Bemühen, Gott und das Universum zu verstehen, greifen die Menschen zu den üblichen Methoden, die vielleicht geeignet sind, Mineralien, Tiere und Pflanzen zu sammeln. Doch die jenseitigen Welten funktionieren anders.

In den jenseitigen Welten ist eine lebhafte, ständige Fluktuation zu beobachten. Alles strömt, alles fließt, Welten entstehen und vergehen, Wesen steigen ein, aus, auf und ab. Viele haben gewaltige Aufgaben, z.B. in der Betreuung der Entwicklung unserer Menschheit. Manche wie z.B. Horus führen bereits seit ca. 20 Milliarden Jahren eine bewußte Existenz! Da muten unsere Interpretationsversuche naiv und reichlich simpel an. Wir können uns mit diesen jenseitigen Wesen und Wesenheiten in Verbindung setzen, von ihnen lernen, sie z.T. beobachten, doch wir werden sie wohl so lange nicht ganz erfassen oder begreifen, wie wir in einem menschlichen, fleischlichen Körper stecken.

Die merkwürdigen Zahlen-Kombinationen und Rechenmethoden der Numerologie und der alten Kabbalistik haben trotzdem ihren Sinn und Nutzen. Wir können sie anwenden, und es kommt etwas dabei heraus. Aus diesem Grund möchte ich Ihnen hier die alte Tabelle vorstellen, die vor ca. 150 Jahren von Levi und Papus überliefert wurde und die in dieser Schreibweise aus dem Mittelalter stammt.

Nr.	heb.	Name	Wert	lat.	Namen Gottes	Bedeutung des Gottes-namens	Bedeutung Zuordnung der Kräfte 1 - 10 Welt der Engel
1	א	aleph	1	A	Eheieh	Das Wesen Gottes, tront im Ainsoph, dem Unendlichen	Er gebietet über die Engel und die Seraphim, Attribut Kether
2	ב	beth	2	B	Bachur	Klarheit und Jugend	Ophanim und Cherubim, mit ihrer Hilfe ordnet Gott das Chaos, Sephirot Chokhma, theoreti-sche Vernunft
3	ג	ghimel	3	G	Gadol	Der Große, Mächtige	Die Engel Aralym, durch sie erhält Gott Elohim die Form der Materie, Sephirot Bina, praktische Vernunft
4	ד	daleth	4	D	Dagul	Der Erhabene	Die Engel Hasma-lim, die Herrschaf-ten, durch sie schafft Gott El die Bilder der Köper und Gestalten, Sephirot Chesed, Liebe und Güte
5	ה	he	5	E	Hadom	Der Schöne, Majeste-tische	Die Engel Sera-phim, mit ihnen er-zeugt Gott Elohim Lyebir die Elemen-te. Numeration bzw. Sephirot Gebura, Stärke und Macht
6	ו	vau	6	V	Vezio	Mit Glanz versehen	6. Ordnung der En-gel, Malakim, Chor der Tugend, durch sie erzeugt Gott Eloah die Metalle und Mineralien, Sephirot Tiphereth, Sonne und Glanz.

7	ז	zain	7	Z	Zakai	Herrliche Welt	7. Ordnung der Engel, Kinder Elohims, durch sie erzeugt Gott Tetragrammaton Sabahot das Pflanzenreich, Attribut Wezat, Triumph und Gerechtigkeit
8	ח	chet	8	H	Chased	Der Barmherzige	8. Ordnung der Engel, Bené Elohim, Söhne Gottes, (Chor der Erzengel), durch sie erzeugt Gott Elohim Sabahot die Tiere. Sephirot Hod, Lob und Pracht.
9	ט	theth	9	T	Tehor	Reine Welt	9.Ordnung der Engel, sie begleiten die Menschen von Geburt an und entsenden die Engel Saday und Elhoi zu ihrem Schutz. Attribut Jesod, das Fundament.
10	י	iod	10	I	Jah	Reich und Tempel Gottes	Die Heroen, durch deren Dienstleistung die Menschen Intelligenz, Strebsamkeit und spirituelles Wissen erlangen.
							Hier beginnt die Welt der Erzengel!
11	כ	caph	20	Ch	Mittatron	Der Mächtige, Fürst der Gesichter	Durch Mittatron hat Gott Elohim mit Moses gesprochen, vermittelt die göttlichen Kräfte in die materielle Welt, regiert die Welt der Tierkreiszeichen. Attribute: Vision und Lächeln Gottes

12	ל	lamed	30	L	Sadai	Lumed, der Gelehrte	Gebietet über die Himmel und Intelligenzen 3. Ordnung, die die Sphäre des Saturn leiten.
13	מ	mem	40	M	Jehovah	Meborake, der Gesegnete	Gebietet über die Sphäre des Jupiter, seine Intelligenz ist Mem; gebietet auch über die Sphäre des Mars, seine Intelligenz ist Samael
14	נ	nun	50	N	Emmanuel	Entspricht Nora, der Schreckliche	Gebietet über den 6. Himmel und die Sonne, deren Intelligenz ist Raphael; in anderer Schreibweise bezieht er sich auf den 7. Namen Gottes, Ararita, und gebietet über die Venus, deren Intelligenz ist Haniel, d.h. Liebe, Gnade und Gerechtigkeit Gottes
15	ס	samech	60	S	Sameck	Der Stützende und Stärkende	Entspricht dem Merkur mit seiner Intelligenz Michael
16	ע	hain (Ajin)	70	Gh	Jehova Zabahot	Der Tapfere und Starke	Gebietet über den 9. Himmel, der Mond und seine Intelligenz Gabriel
							Hier beginnt die materielle Welt

17	פ	.phe	80	Ph	Phode	Erlöser, die intellektuelle Seele	Element Feuer, Wohnort der Salamander, Intelligenz Séraphim; anders geschrieben bezeichnet es die Luft und die Cherubim, Frühling und Westen
18	ץ	tsade	90	Ts	Tsedek	Der Gerechte	Das Wasser, wo die Nymphen wohnen, Intelligenz Tharsis, gebietet über Herbst und Westen
19	ק	coph	100	K	Kodesch	Der Heilige	Die Erde, wo die Gnomen wohnen; Intelligenz Ariel; gebietet über die Gesteine und den Norden
20	ר	resch	200	R	Rodeh	Der Herrschende	Gibt allen pflanzlichen Wesen das Leben
21	ש	shin	300	Sh	Schaday	Der Allmächtige	Gibt allen tierischen Wesen das Leben
22	ת	thau	400	Th	Thechinah	Der Gnädige	Belebt das Mineralreich und den Mikrokosmos; zugleich das Symbol des Menschen, weil er Zweck und Krone der irdischen Schöpfung ist.

Es braucht sicherlich etwas Geduld und Intuition, um sich in diese Darstellungen hineinfühlen zu können. Die Alchimisten und Kabbalisten haben oft ihr ganzes Leben lang nichts anderes getan. Wenn Sie tiefer in diese Materie eindringen wollen, sollten Sie sich vielleicht das Buch von Papus anschaffen, daß alle 10 Jahre in einem anderen Verlag neu erscheint.

Von großer Bedeutung ist in der Kabbalah des weiteren der "Baum des Lebens und der Erkenntnis". In diesem Baum werden die wichtigsten Kräfte des Universums, die das Universum erschaffen, erhalten und auch wieder zerstören, dargestellt. Über die einzelnen Kräfte herrscht weitgehend Einhelligkeit unter den Kabbalisten. Über die Beziehungen der Kräfte untereinander und die Anordnung im Baum des Lebens herrscht weniger Einigkeit. Das war und ist Bestandteil der kabbalistischen Forschung und der meditativen Einsichten des jeweiligen Kabbalisten.

Auch über die rangmäßige Reihenfolge, wie sie einander über- oder untergeordnet sind, sind sich die Kabbalisten nicht einig. Um den Streit über den Aufbau vom Baumes des Lebens zu vermeiden oder beizulegen, haben andere Kabbalisten diese Kräfte in kreisförmigen Bildern mit verschiedenen Ebenen dargestellt.

Ich möchte Ihnen hier einfach diese 10 Kräfte und ihre Entsprechungen auflisten, damit Sie die Begriffe einmal gehört haben und ein bischen einordnen können. Wenn wir bedenken, daß in unserem Universum Alles mit Allem verbunden ist, dann ist vielleicht das Wissen um die Existenz dieser Kräfte interessanter als der Streit über die menschlichen Vorstellungen von den Zuordnungen.

Sicherlich wäre es als nächstes interessant, Vergleiche zu ziehen zu anderen Kulturen. Was die alten Juden hier beschreiben, sind ja universale Kräfte. Sind diese Kräfte wirklich universal, dann betreffen Sie in unterschiedlichem Ausmaß alle Ereignisse in unserem Universum, alle Lebewesen und die ganze Erde. Folglich muß es vergleichbare Mitteilungen bei anderen Geistesforschern gegeben haben, z.B. in Indien, China oder Ägypten.

Aleister Crowley hat sich um derartige Vergleiche bemüht. Man findet die Tabellen in seinem Buch Liber 777. Ich stimme allerdings mit vielen Details seiner Tabellen nicht überein, doch wer Datenmaterial sucht, findet dort eine große Menge. Um das alles zu diskutieren müßte ich jetzt ein weiteres Buch schreiben und wäre sicherlich die nächsten Jahre damit beschäftigt.

Sephirot	**Bedeutung**	**Entsprechung**	**Hierarchie**
Kether 10	Die alles im Geichgewicht haltende Vorsehung	Haioth Hakkadosch	Die Intelligenzen bzw. Entelechien der Vorsehung
Chochmah 9	Die göttliche Weisheit	Ophonim	Die Beweger der Sternensphären
Binah 8	Die höchste schöpferisch wirkende Intelligenz	Aralim	Die Mächtigen
Chesed 7	Die unendliche Barmherzigkeit	Hasmalim	Die Leuchtenden
Geburah 6	Die absolute Gerechtigkeit	Seraphim	Die vor Eifer brennenden Engel
Thiphereth 5	Die unvergängliche Schönheit	Malachim	Die Könige des Glanzes
Netzach 4	Der Sieg des Lebens über den Tod	Elohim	Die Götter
Hod 3	Die Ewigkeit des Seins	Bene Elohim	Die Söhne der Götter
Jesod 2	Die Zeugung, die Basis der ewigen Existenz	Cherubim	Die Überbringer des astralen Feuers
Malkuth 1	Das Reich der Formen	Ischim	Die seelig gewordenen Seelen

Halten wir einmal als kleinsten gemeinsamen Nenner fest, daß es z.B. sowohl bei den Indern, als auch bei den Juden 8 Namen oder Erscheinungsformen Gottes gibt.

Rudolf Steiner, der Begründer der Anthroposophie legte ebenfalls Wert auf die Darstellung derartiger Ordnungen und Hierarchien, um die diesseitige und die jenseitige Welt besser zu begreifen und zu katalogisieren.

	Steiners Hierarchien
8	Der universelle Gott
7	Die Elohim (Feuergeister), die die Sonne bewohnen und von dort die Menschheit leiten.
6	Die Erzengel sind Luftgeister, die ganze Völker betreuen. Darum reden alle ständig vom Wetter, nämlich von den materiellen Auswirkungen der Engel und Erzengel auf uns!
5	Die Engel, dem Element Wasser verbunden, sind Mondkräfte, die zahlreiche einzelne Menschen oder Menschengruppen betreuen.
4	Der Mensch, nur noch körperlich Tier, durch sein Ego-Bewußtsein jedoch schon etwas höher entwickelt
3	Das Tierreich
2	Das Pflanzenreich
1	Das Mineralreich

Die Weltbetrachtung der Naturwissenschaft läßt nur die 5 Sinne gelten. Alles jenseitige wird verleugnet. Die Forscher gleichen einem Mann, der eine Uhr auseinander nimmt, in Einzelheiten beschreibt, kopiert und schließlich benutzt. Er denkt, er weiß Bescheid. Er denkt, es sei seine Erfindung!

Er vergißt nur den Uhrmacher, der sich erst einmal die Zeit und die Uhr ausdenken mußte, um das erste Gerät dieser Art zu bauen.
Und wer hat sich uns ausgedacht? Hinter den Werken der Natur stehen gewiß andere Kräfte, die sich das ausgedacht haben. Wenn diese Welt eine Konstruktion unserer Gedanken ist, die immer noch andauern, dann können wir aus unserer Bewußtlosigkeit erwachen und die Rädchen und vielleicht den Uhrmacher erkennen, der das alles hervorgebracht hat. Diesen Überlegungen folgten die alten Kabbalisten, Magier und Alchimisten.
Wenn Sie nun selbst an kabbalistische Berechnungen gehen, werden Sie erkennen, daß die Zahlenwerte die 400 in der Alphabethtabelle S. 86/87 überschreiten. Dafür haben sich die Kabbalisten geeinigt, die Zahlenwerte wie folgt weiterzuführen:

1. Welt	9	8	7	6	5	4	3	2	1
	ט	ח	ז	ו	ה	ד	ג	ב	א
2. Welt:	90	80	70	60	50	40	30	20	10
	צ	פ	ע	ם	נ	מ	ל	כ	י
3. Welt	900	800	700	600	500	400	300	200	100
	ע	פ	ז	ס	ד	ת	ש	ר	ק

Wie schon erwähnt waren sich die Kabbalisten keineswegs sehr einig. Einem alten Werk entnehmen wir folgende Angaben: Aleph steht für den Mann, Beth für die Frau, Ghimel für das Kamel (die Tierherden), Daleth für die Taler (Geld), He für Bewußtsein, Sprache und Grenze, und Vau für Geschlechtsverkehr.
Wenn man in alten Werken stöbert, gibt es noch vieles zu entdecken, was sich zu prüfen lohnt.

Das lateinische und das griechische Alphabeth

Damit Sie Ihre Analysen noch vielfältiger gestalten können, füge ich unser eigenes lateinisches und das griechische Alphabeth an. Vor allem wenn Sie Begriffe und Namen griechischen oder lateinischen Usprungs analysieren möchten empfiehlt sich die Benutzung der dazu gehörigen Alphabethe.
Das griechische Alphabeth wurde um 1000 vor Christus als rein konsonantisches Alphabeth von den Phönikern übernommen, nach und nach wurden die Vokale hinzugefügt, die im Griechischen von entscheidender Bedeutung sind. Die großen Buchstaben entstanden erst ca. 800 nach Christus. Bis in die römische Zeit hinein wurden in Griechenland und in den davon beeinflußten Gebieten die Buchstaben auch als Zahlen benutzt. Es gab und gibt keine griechischen Zahlen.
Das wirft wiederum ein Licht auf die Entstehungsgeschichte der Kabbalah und der Numerologie. Buchstaben waren zugleich Zahlen! Außerdem wird für uns heute niemals völlig klar sein, welche Begriffe als Wort oder Zahl zu lesen sind. Das ist ein Punkt, den die Altertumsforscher nicht im Griff haben, da sie zwar bekannte religiöse Ideologien mit in Rechnung stellen, aber, von Ausnahmen abgesehen, kaum einen Sinn haben für esoterische oder gar spirituelle Betrachtungen!
Die alten Kulturen haben stets den Menschen in seiner Ganzheit erkannt und angenommen. So etwas wie sexuelle Komplexe waren ihnen fremd. Das ist erst eine Erfindung des Christentums gewesen, um die frustrierten Menschen besser kontrollieren und ausbeuten zu können. Wer sexuell zufrieden ist, hat weniger Krankheiten und leistet mehr.

Die alten Schriften gehen wie unser Alphabeth auf archaische Mutter- und Fruchbarkeitskulte zurück. Das ganze Leben eines Volkes bestand aus dem Kreislauf von Partnerschaft, Ehe, Kindern und gewissen religiösen Bemühungen.

Nr.		Wert	innerer Wert	Hinweise zur Symbolik der Buchstaben
1	A	1	1	Das große A ist das Symbol einer Pyramide. Auf dem mittleren Balken befindet sich die Königskammer. Zugleich ein Phallus-Symbol, männlich, Bewußtwerdung, Licht.
2	B	2	3	Busen, Fruchtbarkeit, weibliches Symbol, Unterbewußtsein, Dunkelheit, geheimnisvoll.
3	C	3	6	Ein offener Schoß, Angebot zur Befruchtung.
4	D	4	1	Ein runder Bauch, Schwangerschaft, Frucht.
5	E	5	6	Energie, eine senkrechte Linie verbindet 3 waagerecht. Sie durchdringt von der unteren materiellen kommend die seelische bis zur geistigen Ebene.
6	F	6	3	Die Verlagerung der Energie nach innen während der Schwangerschaft, der senkrechte Balken verbindet nur Seele und Geist. F wie Fruchtbarkeit.
7	G	7	1	Geburt, der Bauch öffnet sich.
8	H	8	9	Ehe, 2 Menschen verbunden durch ein Kind.
9	I	9	9	Das Kind, etwas Neues ist entstanden.

10	J	10	1	Das I krümmt sich, die Entwicklung beginnt.
11	K	20	3	Erziehung, verschiedene Kräfte wirken auf das Kind ein, 2 schräge Striche treffen den senkrechten.
12	L	30	6	Das Kind faßt Fuß in der materiellen Welt.
13	M	40	1	Zwei Menschen reichen sich die Hände, ein Bund.
14	N	50	6	Auf und nieder, Leben und Tod, Wiedergeburt. Der Mensch durchläuft Entwicklungsabschnitte.
15	O	60	3	Eine herangereifte junge Frau, leerer Bauch
16	P	70	1	Ein herangereifter junger Mann, Penis, hängend.
17	Q	80	9	Befruchtete Eizelle, neues Leben.
18	R	90	9	Dauerhafte sexuelle Beziehung, Eheverkehr.
19	S	100	1	Die Wechsel im Leben, der Lebenslauf, Energie.
20	T	200	3	Der ältere Mann, Arbeit.
21	U	300	6	Die ältere Frau, Menopause, der leere Schoß.
22	V	400	1	Der verhärtete Schoß, jenseits von Sex.
23	W	500	6	Gemeinschaft älterer Frauen (Priesterinnen, Hexenbund).
24	X	600	3	Kreuzung, neue Verbindungen, Vereinigung
25	Y	700	1	Bewußtwerdung der 2 Gehirnhälften, geistige Reife.

26	Z	800	9	Verbindung zwischen der geistigen und der materiellen Welt ohne Gefühle, ohne Verw-irrung.
27	Ä	900	9	Licht, d.h. geistiger Einfluß über der Pyramide, Erleuchtung eines Mannes.
28	Ö	1.000	1	Licht über einer jungen, reifen Frau, Erleuchtung.
29	Ü	2.000	3	Licht über einer älteren, reifen Frau nach der Menopause, Erleuchtung in späteren Jahren.
30	Sch	3.000	6	Wahrnehmung von Energie, Verströmen von Energie.

Auf der folgenden Seite finden Sie das griechische Alphabeth. Wie schon weiter vorn geschildert, waren im alten griechischen Alphabeth ebenso wie in der hebräischen Schrift tatsächlich von Anbeginn des Schriftgebrauchs ca. 1000 v.C. bis zur Zeitwende Buchstaben auch Zahlen, also a = α = 1 usw.

Tabellen-Erläuterung:

ZW = Zahlenwert
IW = innerer Wert
lat. = unser lateinisches αβ
Gαβ = griechisches αβ
KBW = kabbalistischer Wert

Nr.	ZW	IW	lat.	Name	Gαβ	Gαβ	KBW
1	1	1	A	Alpha	Α	α	1
2	2	3	B	Beta	Β	β	2
3	3	6	G	Gamma	Γ	γ	3
4	4	1	D	Delta	Δ	δ	4
5	5	6	E	Epsilon	Ε	ε	5
6	6	3	Z	Zeta	Ζ	ζ	6
7	7	1	H	Eta	Η	η	7
8	8	9	Th	Theta	Θ	ϑ	8
9	9	9	I	Jota	Ι	ι	9
10	10	1	K	Kappa	Κ	κ	10
11	20	3	L	Lambda	Λ	λ	20
12	30	6	M	My	Μ	μ	30
13	40	1	N	Ny	Ν	ν	40
14	50	6	X	Xi	Ξ	ξ	50
15	60	3	O	Omikron	Ο	ο	60
16	70	1	P	Pi	Π	π	70
17	80	9	R	Rho	Ρ	ρ	80
18	90	9	S	Sigma	Σ	σ	90
19	100	1	T	Tau	Τ	τ	100
20	200	3	Y	Ypsilon	Υ	υ	200
21	300	6	Ph	Phi	Φ	φ	300
22	400	1	Ch	Chi	Χ	χ	400
23	500	6	Ps	Psi	Ψ	ψ	500
24	600	3	O	Omega	Ω	ω	600

Das Runen-Alphabeth

Nun werde ich das Runenalphabeth darstellen wie es auf Grund einer sehr bemerkenswerten und glaubwürdigen Diplomarbeit 1956 erstellt wurde. Leider ist es so, daß die Mehrzahl der Runen-Interpretationen, die im Umlauf sind, eine Mischung aus falschen und richtigen Begriffen darstellen. Damit wird das Ganze wertlos. Nur weil viele moderne Schreiber von einander abschreiben, wird es nicht glaubhafter. Das Original dieser Diplomarbeit befindet sich in der Hamburger Universitätsbibliothek.

Nr.	Wert	innerer Wert	Rune	lat.	Bedeutung
1	1	1	ᚠ	f	Viehbesitz, Geld, Reichtum
2	2	3	ᚢ ᚢ	u	Das befruchtende Naß, Regenbogen, männl. Samen
3	3	6	ᚦ ᚦ	th	Donnergott Thor, der Starke
4	4	1	ᚨ	a	Weltesche, Sturmgott Wodan, Ase
5	5	6	ᚱ	r	Sonnenwagen, Sonnenpferde
6	6	3	ᚲ	k	Brandbestattung, Kiefernholz
7	7	1	ᚷ	g	Gastfreundschaft, schützendes Hausdach, Vereinigung, Koitus
8	8	9	ᚹ	w	Die Sippe
9	9	9	:ᚺ	h	Das 1. Lebewesen, Weltenei, Weltenriese, Hoden, androgynes Wesen
10	10	1	ᚾ	n	männlicher Feuerquirl, Wiedergeburt, Durchdringung des Schleiers der Maya

11	20	3		i	Eis als kosmische Urmaterie, ich, Ego, Gott in mir, Wasser ohne Feuer / Sonne
12	30	6		j	Ernteertrag, tiefreligiös, das Jahr, yin-yang
13	40	1	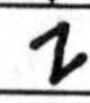	e	Welteibe
14	50	6	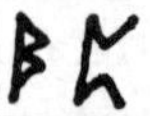	p	Mutter Erde, allmächtiges Schicksal
15	60	3		z, x	Walküre, Flugbild der Schwäne
16	70	1		s	Sonne als "gutes Rad", Kundalini in uns
17	80	9		t	Himmelsgott, Kriegsgott, Thau-Mensch (T)
18	90	9		b	Mutter Erde, nährende Brust
19	100	1		e	Die zwei jugendlichen, göttlichen Brüder, die Alken
20	200	3		m	Vater Himmel
21	300	6	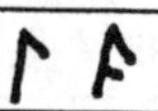	l	Schiffsbestattung
22	400	1		ng	Erdgott Ing
23	500	6		o	Bodenbesitz
24	600	3		d	Der Tagstern als Symbol der göttlichen Brüder / Zwillingen / Alken, Morgen- und Abendstern, die Venus
25	700	1		ig	Weltenschlange, Uroboros, Wiedergeburt
26	800	9		ha	Eiche als Schöpfungsrohstoff für Menschen
27	900	9	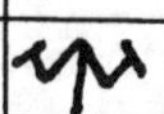	gn	Grabbestattung
28	1.000	1	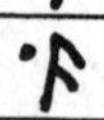	a	Sturm- und Totengott
29	2.000	3		p	Allmächtiges Schicksal, Ich / Eis zwischen Himmel und Erde

Natürliche Zyklen

Die Menschen versuchen, mit Hilfe dieser Schriftzeichen, Zahlenordnungen und Symbole die Natur zu erfassen. Daraus entstehen Tabellen. Bei den Naturbeobachtungen entstehen ebenfalls Tabellen, z.B. in der Meteorologie. Eine Gruppe amerikanischer Wissenschaftler hat sich die Mühe gemacht, derartige Tabellenwerke auf geheime Zyklen hin zu untersuchen. Dabei entdeckte man einen gemeinsamen Nenner: Die Sonnnefleckenaktivitäten.
Aus den Unterlagen der "American Society for Cycle Research" geht hervor, daß der Ozonschild der Erde durch die Sonnenfleckenaktivität beeinflußt wird. Es gibt verschiedene Sonnenfleckenzyklen. Beispiel:

9,6 Jahre Sonnenflecken - Maxima	Ozonwerte Maxima alle 9,66 Jahre ab	Luftdruck in Paris mit 9,7 Jahre Zyklus
1.973,5	1.973,97	1.970,56
1.983,1	1.983,63	1.980,26
1.992,7	1.993,29	1.989,96
2.002,3	2.002,95	1.999,66
2.011,9	2.012,61	2.009,36

Sonnenflecken steuern das Erdklima. Aus der Zeitschrift "Neue Solidarität" 31.07.1996:
Eine neue Studie unter Prof. Eigil Friis-Christensen zeigt, daß sich Veränderungen im Magnetfeld der Sonne direkt auf die Wolkendichte der Erde auswirken, was wiederum Temperaturänderungen zur Folge hat. Laut Friis-Christensen und Dr. Henrik Svensmark ist dieser Mechanismus die plausibelste Erklärung für den jüngsten geringen globalen Temperaturanstieg, der vomUN-IPCC und

Umweltschützern in aller Welt fälschlicherweise dem verstärkten CO2-Ausstoß und der Industrie im allgemeinen zugeschrieben wird. (31. Internat. Konferenz für Raumforschung COMPAR, Uni Birmingham, Juli '96) Bereits '91 zeigten Friis-Christensen und Knud Lassen, daß sich die globalen Temperaturschwankungen eng am 11jährigen Sonnenfleckenzyklus orientieren (Science, 1.11.91). Die Zyklen der Sonnenfleckenaktivitäten werden seit 1750 aufgezeichnet. Ein Abgleich aller Daten zeigte 93% Übereinstimmung zwischen der kosmischen Strahlung und der globalen Wolkendecke. Während starker magnetischer Aktivitäten der Sonne wird die Wolkendecke der Erde dünner und die Temperatur steigt. Während geringerer Sonnenaktivität verstärkt sich die Bewölkung und die Temperatur sinkt. Die ausgewerteten Satellitendaten der Jahre 1987-90 zeigen einen deutlichen Rückgang der globalen Wolkendecke von annähernd 3 Prozent bei gleichzeitigen hohen magnetischen Aktivitäten der Sonne. Damit läßt sich sehr genau die jüngste "globale Erwärmung" erklären. Die Erdtemperatur ist seit 1890 durchschnittlich um etwa 0,5°C gestiegen. Aber es gibt keinen Beweis dafür, daß dafür Emissionen aus Schornsteinen und Autos verantwortlich sind. Der globale Temperaturanstieg wird durch die Verkürzung der Sonnenfleckenzyklen bewirkt. Die Sonne ist keine gleichbleibende Energiequelle, sondern ein "dynamischer Organismus". Prof. Aksel Wiin-Nielsen: "Eine sehr große Zahl von Physikern und Geophysikern kämpft ständig darum, neue Finanzierungsmöglichkeiten zu finden. Dies ist die Erklärung für das Angstbild der Klimaveränderungen, das durch die Zeitungen und Medien erzeugt und verbreitet wird".
Lernen Sie Alles in Allem zu sehen. Esoterisches Wissen hilft Ihnen für ein erweitertes Weltbild ohne Angst.

Die Symbolik der Schrift

Diesen Text können Sie ohne weiteres lesen, doch wie Sie an den folgenden Zeilen bemerken werden, verursacht bereits jeder Schrifttyp einen anderen Eindruck bei uns. Schriftbilder können also Stimmungen verursachen und verändern. Und was ist, wenn sich die ganze Schrift ändert? In den unteren Abschnitten steht noch einmal das Gleiche in anderen Schriften. Es ist wirklich alles da, für jeden von uns. Es gilt nur, es auch wirklich zu erkennen.

Diesen Text können Sie ohne weiteres lesen, doch wie Sie an den folgenden Zeilen bemerken werden, verursacht bereits jeder Schrifttyp einen anderen Eindruck bei uns. Schriftbilder können also Stimmungen verursachen und verändern. Und was ist, wenn sich die ganze Schrift ändert? In den unteren Abschnitten steht noch einmal das Gleiche in anderen Schriften. Es ist wirklich alles da, für jeden von uns. Es gilt nur, es auch wirklich zu erkennen.

Diesen Text können Sie ohne weiteres lesen, doch wie Sie an den folgenden Zeilen bemerken werden, verursacht bereits jeder Schrifttyp einen anderen Eindruck bei uns. Schriftbilder können also Stimmungen verursachen und verändern. Und was ist, wenn sich die ganze Schrift ändert? In den unteren Abschnitten steht noch einmal das Gleiche in anderen Schriften. Es ist wirklich alles da, für jeden von uns. Es gilt nur, es auch wirklich zu erkennen.

Diesen Text können Sie ohne weiteres lesen, doch wie Sie an den folgenden Zeilen bemerken werden, verursacht bereits jeder Schrifttyp einen anderen Eindruck bei uns. Schriftbilder können also Stimmungen verursachen und verändern. Und was ist, wenn sich die ganze Schrift ändert? In den unteren Abschnitten steht noch einmal das Gleiche in anderen Schriften. Es ist wirklich alles da, für jeden von uns. Es gilt nur, es auch wirklich zu erkennen.

Διεσεν Τεξτ κ\ννεν Σιε οηνε ωειτερεσ λεσεν, δοχη ωιε Σιε αν δεν φολγενδεν Ζειλεν βεμερκεν ωερδεν, ϖερυρσαχητ βερειτσ φεδερ Σχηριφττψπ εινεν ανδερεν Εινδρυχκ βει υνσ. Σχηριφτβιλδερ κ\ννεν αλσο Στιμμυνγεν ϖερυρσαχηεν υνδ ϖερ™νδερν. Υνδ ωασ ιστ, ωενν σιχη διε γανζε Σχηριφτ ™νδερτ?
Ιν δεν υντερεν Αβσχηνιττεν στεητ νοχη εινμαλ δασ Γλειχηε ιν ανδερεν Σχηριφτεν. Εσ ιστ ωιρκλιχη αλλεσ δα, φ]ρ φεδεν ϖον υνσ. Εσ γιλτ νυρ, εσ αυχη ωιρκλιχη ζυ ερκεννεν.

Diesen Text können Sie ohne weiteres lesen, doch wie Sie an den folgenden Zeilen bemerken werden, verursacht bereits jeder Schrifttyp einen anderen Eindruck bei uns. Schriftbilder können also Stimmungen verursachen und verändern. Und was ist, wenn sich die ganze Schrift ändert?
In den unteren Abschnitten steht noch einmal das Gleiche in anderen Schriften. Es ist wirklich alles da, für jeden von uns. Es gilt nur, es auch wirklich zu erkennen.

DIESEN TEXT KÖNNEN SIE OHNE WEITERES LESEN, DOCH WIE SIE AN DEN FOLGENDEN ZEILEN BEMERKEN WERDEN, VERURSACHT BEREITS JEDER SCHRIFTTYP EINEN ANDEREN EINDRUCK BEI UNS. SCHRIFTBILDER KÖNNEN ALSO STIMMUNGEN VERURSACHEN UND VERÄNDERN. UND WAS IST, WENN SICH DIE GANZE SCHRIFT ÄNDERT?
IN DEN UNTEREN ABSCHNITTEN STEHT NOCH EINMAL DAS GLEICHE IN ANDEREN SCHRIFTEN. ES IST WIRKLICH ALLES DA, FÜR JEDEN VON UNS. ES GILT NUR, ES AUCH WIRKLICH ZU ERKENNEN.

Der Tarot - Spiel des Lebens

Hier bin ich, der Gott Thoth!
Alles mündet in mir.
Aus mir ist alles geschaffen.
Wir sind viele und doch nur ein Prinzip.
Leben bedeutet das, was wir sind.

Spiele das Spiel
und gewinne das ewige Leben,
auf Erden wie auch auf allen anderen Ebenen.
Löse Dich vom traditionellen Ritus.
Gib dem Leben eine Chance zur Entwicklung.
Alle Energie fließt,
um Dich mit Freude zu erfüllen!

Dein Leben ist jetzt Fülle und Wohlhabenheit.
Güte des Herzens entfaltest Du wahrhaftig.
Das ist der Weg,
das Leben auf und auszubauen.
Gut, daß es Dich gibt!
Ich bin bei Dir,
wenn Du mein Buch öffnest und liest.

Ich bin ein Pfahl im Fleisch der Ungebildeten,
denn Symbole gibt es allenthalben.
Dir und den eingeweihten Schülern
wie Meistern auf dem Pfad
der heren Erkenntnis, lichtswärts gerichtet,
biete ich gar manchen Schritt.

Alles was Du erfährst, aus dem Licht liest
und gewinnst an Einsichten,
ist Zeichen und Botschaft meiner Liebe zu Dir
wie auch zu allen anderen Wesen,
die die Wahrheit suchen und finden wollen.
Sie haben mich angebetet um meiner selbst
willen. Gnade erfahren die Betenden.

Dies ist wahrlich ein großer Tag
für Wissen und Verständigung.
Ich bin hier!
Alle finden sich einig unter meiner Regie.

Thoth agamiter mitagon hermegatur legis
excelsioribus lagunam identificatur hermes est
fuginam laminatur in specidum rectificandor est
luminem abundanz omen horem.

Ich bin der Meister der Schrift,
großer Schöpfer des Wortes und der Tat.
Ihr braucht Anleitung,
denn Eure Worte sind verwirrt worden.
Vieles entspricht nicht mehr dem eigentlichen
Sinn.

Studiere mein Werk,
wende dich zum Licht der Erkenntnis!

Mediale Botschaft, empfangen vom Gott der Wissenschaft, Thoth, der den Menschen die Schrift, die Symbole, die Mathematik und auch die Architektur offenbart hat. Die Botschaft wurde empfangen zu Beginn eines Seminars über den Tarot: Das "Buch Thoth". 5.4.1991.

Die Spuren des Tarot verlieren sich in grauer Vorzeit und statt diesen langen Weg komplizierter Weise zurückzuverfolgen, möchte ich kurz dort anfangen, wo wir die Spur aufnehmen können: in Altlantis.
Der letzte Teil der atlantischen Hochkultur versank 10.500 Jahre vor Christus in den Fluten des Atlantik. Die von dort flüchtenden Menschen brachten einen Teil ihrer Kultur mit nach Europa und in andere Teile der Welt. Zu dieser Kultur gehörten umfassende Kenntnisse der menschlichen Natur, die weiter gingen als bei uns heute. In Zeiten des Umbruchs ist es wichtig, daß geistige Werte in unvergänglicher Form vererbt werden können.
So trugen die geistigen Führer der Auswanderer in einfachen Symbolen die Entwicklungsstufen des Menschen (21) auf runden Tontafeln ein, die, einmal gebrannt, unverwüstlich sind. Hinzu kam die 22. Scheibe für den Fragenden, den Narren, der Wissen sucht und Aufklärung braucht.
Mit den Auswanderern gelangten diese Scheiben über Europa, Asien bis nach Indien, von dort in den Bereich der Welt, den wir heute als Orient und Nahost bezeichnen. Natürlich erfuhren diese Scheiben, Platten oder auch Stäbe im Laufe der Zeit mancherlei Veränderung. Die ältesten derartigen Relikte stammen aus einer Zeit ca. 8000 v. C. aus dem Industal und aus Tibet. Ähnliche Scheiben finden sich in Mittelamerika bei den dortigen Indianern.
Um dieses Wissen wieder zu verbreiten, machten die alten Wissenden es den Zigeunern zugänglich, die eher Nomanden sind und wenig Lust zu geregelter Arbeit haben. Die erkannten hierin eine gute Gelegenheit, durch Wahrsagungen ihr Geld zu verdienen. Durch diesen kommerziellen Nutzen, um es einmal modern zu formulieren, blieben die

geistigen Werte durch die düstere Zeit des Mittelalters erhalten.
Ähnlich ist es uns in den letzten 20 Jahren ergangen. Geschäftsleute aller Art haben in der Regel wenig Sinn für Esoterik und Spiritualität. Eher ist das Gegenteil der Fall. Aber nachdem der Ruf nach diesen Informationen immer lauter wurde, ließ sich das alte Wissen nicht mehr unterdrücken. Wo vor 20 Jahren lächerliche 10 Bücher standen, in einer einzigen "Spezialbuchhandlung" in Hamburg, existieren heute in jedem Buchladen unzählige Bücher zu diesem bedeutenden Thema, und es gibt esoterische Buchhandlungen, die angefüllt sind mit derartigen Werken, wobei selbst alte verschollene, wertvolle Schriften wieder ausgegraben wurden.
Vor 20 Jahren schrieb ich in einer Abhandlung über "Das Geheimwissen", daß der Tarot praktisch unbekannt ist. Damals gab es eine Handvoll Spiele, die in den USA verlegt wurden, in Holland und der Schweiz verkauft wurden und in Deutschland erst bestellt werden mußten. Inzwischen ist die Situation so, daß jedes Jahr ein neues Spiel herauskommt und bereits ca. 130 verschiedene Spiele (oder mehr!) auf dem Markt sind.
Das "Spiel des Lebens" und der Wahrsagekunst hat ein beispielloses comeback erlebt!
Wie gut die verschiedenen Ausführungen sind, hängt vom Bewußtsein und von den praktischen Fähigkeiten des Autors ab. Das ist sehr verschieden. Wer mit diesen Karten arbeiten möchte, um sich selbst, das Leben und andere Menschen besser kennenzulernen, der sollte aufmerksam und intuitiv ein Spiel auswählen. Empfehlenswert sind verschiedene Spiele, je nach persönlicher Einstellung des Benutzers. Von den traditionellen Spielen kann ich z.B. Oswald

Wirths Spiel empfehlen. Von den neueren als bestes, wenn auch nicht ganz einfaches Spiel, das von Crowley mit dem Begleitbuch von Ziegler aus dem Urania-Verlag. Um die Fülle des Wissens zu nutzen, das in unserem eigenen Unterbewußtsein ruht und durch die Symbole der Karten ans Tageslicht gebracht wird, brauchen Sie ein möglichst umfassenden, tiefgriefendes Wissen über Zahlen, Symbole, Farben usw. Das Studium von C.G. Jungs Archetypenlehre ist ebenso empfehlenswert wie die Kenntnisse der modernen Psychologie oder die Weltentstehungsgeschichten der Natur- und Kulturvölker.

Wenn Sie sich hier einarbeiten möchten, empfehle ich Ihnen, regelmäßig mit den Karten zu spielen, Erfahrungen zu sammeln, Tagebuch zu führen, die Karten einander gegenüber zu stellen und Verbindungen aufzuspüren. Es kann ein sehr interessantes und aufschlußreiches Gesellschaftsspiel sein, daß Sie mit ihren Freunden beim Kaffeekränzchen ebenso spielen können wie als Liebende, die ihre Chancen und Gemeinsamkeiten erkennen wollen. Betrachten Sie es wirklich erst einmal als Spiel, und lernen Sie spielend die Zusammenhänge kennen.

Fast alle heute gängigen Spielkarten gehen auf den Tarot oder Tarock zurück. Die ältesten Karten sind im Spiel von Marsseille zu finden, ca. 500 Jahre alt.

Sie können selbst für sich die Karten legen oder jemanden legen lassen oder auch für jemanden die Karten legen. Wichtig ist bei diesen Spielen, daß Sie selbst zumindest einen Nutzen für möglich halten.

Wer das Ganze als blanken Unsinn betrachtet, sollte es lassen. Ihr Unterbewußtsein weiß absolut alles! Alles was Ihnen jemals widerfahren ist, wurde registriert. Mit Hilfe der Karten können Sie Zusammenhänge herstellen zu den unbewußten Ahnungen und Erinnerungen. Es ist Ihr Unterbewußtsein, daß die Hand führt und die richtigen Karten zieht. Auf die Methode des Legens kommt es gar nicht so sehr an. Wichtig ist nur, daß Sie selbst ganz genau wissen was Sie tun, daß Sie genau wissen, welche Bedeutung jeder Karte beizumessen ist!

Wenn Sie das alles für Unsinn halten, wird das Ergebnis unsinnig. Und wenn Sie wirklich gute Auskünfte wollen, werden sie offenbart. Ihr Unterbewußtsein kann alles für Sie regeln. Sie müssen ihm nur durch die richtige Geisteshaltung die Chance dazu geben!

Um zu lernen und um die Karten zu studieren, können Sie natürlich so oft wie möglich damit arbeiten. Auch können Sie jeden Tag eine Karte für Ihren Tag ziehen und diese Karte z.B. mit den Tageswerten der Numerologie in Verbindung bringen. Sie sollten aber nicht jeden Tag aufs Neue die Zukunft befragen, für Monate im Voraus. Machen Sie eine Befragung zu einem bestimmten Thema, das Sie interessiert. Werten Sie das Ergebnis aus, doch dann warten Sie ab, bis sich die Vorhersagen realisiert haben! Wenn Sie klare Aussagen für die Zukunft bekommen, dann hat das doch einen Sinn. Wenn Sie danach nicht abwarten können und jede Woche neu ziehen, aber immer für die nächsten Monate, dann bedeutet das doch ein inneres Mißtrauen oder Unzufriedenheit. Lassen Sie es gut sein mit einer guten Frage-Runde und lernen Sie den Karten zu vertrauen.

Sie können das ganze Spiel mit 78 Karten mischen und daraus die Karten ziehen, oder aber nur die 22 großen Arcana (d.h. Geheimnisse) verwenden oder die großen Arcana und die kleinen sortiert nach Farben verwenden. Die Übersicht über die verschiedenen Farben und über verschiedene Legemethoden finden Sie weiter unten.

Ebenso wie der Tarot 21 große Karten hat + die Null (Narr), braucht eine Biene (und auch andere Insekten und Tiere) 21 Tage (Stufen) bis zur vollen Entwicklung (diverse Vogeleier z.B. auch). Außerdem haben wir Menschen 22 Chromosomen und das Geschlechtschromosom. Es wäre die Überlegung wert, ob wir heute einen bzw. zwei Schritte weiter sind als die Atlanter und wir darum heute ein Spiel mit 23 großen Arcanas bräuchten, einschließlich Narr (23 Chromosomenpaare!).
Die Zahl 23 ist für die Menschen von herausragender Bedeutung. Ist Ihnen schon einmal aufgefallen, daß in Filmen und Romanen überdurchschnittlich häufig die Zahl 23 erwähnt wird? Dazu wurden vor ca. 25 Jahren sogar einmal Untersuchungen durchgeführt. Der irische Psychologie, Mathematiker und Autor R.A.Wilson wies als erster ausführlich darauf hin (Die Illuminati-Papiere).
Die alten Germanen benutzten die Runenmagie und kannten den Tarot nicht. Im Tarot steckt das Wort Rota (das Rad)...des Lebens, Karte 10, wobei im Runenalphabeth das Symbol 10 dem Yin-Yang-Symbol der Chinesen entspricht.
Über die Zuordnung von Elementen und Farben zu den einzelnen Tarot-Karten sind sich die diversen Autoren nicht einig, ebensowenig über die Zuordnung der Tierkreiszeichen, Planeten, oder über die Einzelheiten bei den kleinen Arcanas. Einigkeit besteht in Bezug auf die wichtigsten Inhalte der 22 großen Karten. Ganz gleich welches Spiel Sie sich einmal kaufen, man kann mit den meisten Spielen gut arbeiten. Auf alle Fälle werden Sie mit dem Tarot Ihr Leben interessanter und lebendiger gestalten. Sie werden viele interessante, neue Zusammenhänge und Hintergründe erfahren.

Hier ein Beispiel für die Differenzen zwischen den verschiedenen Interpreten:
Papus setzt ebenso wie Wirth den Narren ohne Nummer auf Platz 21, wodurch die Karte 21 das kabbalistische Zeichen 22 erhält. Die Logik darin kann ich nicht entdecken.
Crowley setzt den Narren vor die 1 auf Platz Null (richtig), gibt ihr aber das Zeichen Aleph, wodurch sich alle kabbalistischen Zeichen verschieben und die Karte 1 das Zeichen 2 erhält usw. Auch darin sehe ich keinen tieferen Sinn. Karte 1 ist nämlich männlich, Symbol 2 weiblich usw.
Eher wäre es richtig, dem Narren das Zeichen 22 zu geben und die Null. Denn der Narr ist der Ursprung: Unbewußt, auf der Suche und narrisch. Wenn er dann als ein bewußt gewordener Mensch das ganze Lebenspiel durchlaufen hat, erkennt er, daß letztlich "alles gleich" ist und wird wiederum zum Narren, nur auf einer höheren Ebene. Der Narr umschließt also die 21 Stufen der großen Arkanas gleich einem Kreis, gleich einem Luftballon, der in sich alles birgt - und doch fast nichts.
Das Symbol des Menschen ist Tau oder Thau **Ṫ**; Tau ist das Zeichen 22 der Kabbalah, das Symbol der Maya, der Illusion. Das paßt wiederum zum Narren, der geblendet wird von der äußeren Welt, der Maya: die Narrenwelt.
2 + 2 = 4 = Uranus ist das revolutionäre Element, das nach Veränderung drängt. Es spricht also einiges für meine Sicht der Dinge.
Dabei will ich nicht verschweigen, daß Meister wie Crowley sich einen Jux daraus machten, ihre Schüler zu narren. Wenn diese die Fehler entdeckten, erreichten Sie die nächst höhere Stufe. Gingen sie ihm auf den Leim, waren sie es nicht wert, weiter unterrichtet zu werden!

Fassen wir also zusammen: Der Narr ist 0 und 22, zu ihm gehört das hebräische Zeichen Thau, das Symbol des Menschen.
Bleibt noch die Zuordnung der Farben bzw. der kleinen Arcanas. Auch hier gibt es erhebliche Differenzen. Ein Teil der Autoren plädiert für folgendes: Stäbe = Erde, Becher = Wasser, Schwerter = Feuer, Scheiben = Luft.
Damit kann ich mich nicht anfreunden, denn aus dem Akasha weiß ich, daß die Scheiben ursprünglich das Symbol der Sonne und des höchsten Geistes waren, der uns alle hervorgebracht hat.
Folglich werde ich den Scheiben das Feuer zuordnen. Natürlich haben die Scheiben auch mit Geld und Gold zu tun, aber Gold auf Erden ist das Sonnenmetall und Ausdruck der Sonnenkraft. Aus diesem Grund ordne ich der Luft die Schwerter zu, denn in der Tradition war das alles durchschneidende Schwert immer Symbol des Geistes bzw. des Verstandes, der im Stande ist, alles zu durchdringen und die innen liegenden Geheimnisse zu offenbaren!

Interpretation von Goethes Hexen-Einmaleins nach dem Tarot

Der Tarot beschreibt die Entwicklungsstufen des Lebens. Wenden wir nun die natürliche Ordnung des Tarot auf Goethes Hexen-Einmaleins an:

Du mußt verstehn!
Aus 1 mach 10
und 2 laß gehn
und 3 mach gleich -
so bist Du reich!
Verlier die 4
Aus 5 und 6
so sagt die Hex'
mach 7 und 8:
Dann ist's vollbracht.
Die 9 ist 1
und 10 ist keins.
Das ist das Hexen-Einmal eins!

Aus 1 mach 10: Entwickle Dich von der 1 (Tarot: Der Magier) zur 10 (Das Glücksrad, das Rad des Lebens), also durchlaufe die ersten 10 Entwicklungstufen der menschlichen Existenz.
Und 2 laß gehn: Bleibe nicht an der 2 hängen (Tarot: Isis, das Unterbewußtsein), richte also Deinen Blick nach außen auf Deine Aufgaben!
Und 3 mach gleich: Dieses "gleich" verstehe ich unbedingt als "Ausgleich", also handle, sei aktiv, aber laß Dich nicht von der Macht einfangen (im Tarot die Königin, Aktivität,

Handlung, Jupiter-Einfluß, Macht) ... so bist Du reich! Der Jupiter-Einfluß kann Dich reich machen.
Verlier die 4: Überwinde den König (Tarot 4), überwinde die irdischen Herrschaftsansprüche, halte Dich nicht bei ihnen auf.
Aus 5 und 6: Im Tarot 5: die Belehrung durch den Papst, ein spiritueller Lehrer, und 6: die Liebenden, Entscheidungsfragen, Neigungen, die Qual der Wahl, auch Unentschlossenheit, mach 7 und 8. Im Tarot ist die 7 der Wagen: Aus der notwendigen Belehrung durch den äußeren Lehrer (5) ist die innere Führung geworden; und aus der Unsicherheit am Scheideweg (6) mit den Verstrickungen in Neigungen und Liebesaffären ist die 8 geworden: Entscheidungen fallen von einer höheren Warte aus, die universale oder göttliche Gerechtigkeit... dann ist's vollbracht!
Und 9 ist 1: 9, im Tarot der Eremit, ist wiederum der Magier (die 1), der nun nicht mehr in der materiellen Welt aktiv ist und die Wahrheit sucht, sondern der sich in der Einsamkeit der Suche nach Erleuchtung widmet. Er sucht also die Wahrheit in der Dunkelheit und in sich selbst, nicht mehr in der Gesellschaft. Darum läuft ihm der Hund hinterher und bellt. Der Hund ist die Moral der Gesellschaft, der acht gibt, daß der Eremit sich nicht entfernt. Der Narr wird später vom Hund gebissen, weil er nicht mehr zu bekehren ist. Er ist für die Gesellschaft verloren.
Und 10 ist keins: 10 ist eigentlich kein spezieller Zustand, sondern symbolisiert nur den Übergang aus der 1. irdischen Entwicklungsphase hin zur 2. Phase, zum Umgang mit den höheren Kräften (im Tarot die Karten 11 - 19). Das ist das Hexeneinmaleins!

Die großen Arcana

Werfen wir nun einen Blick auf die großen Arcana mit den wichtigsten traditionellen Stichworten:

Nr.	Name	Sym bol	Bedeutung	Numerologie
0	Der Narr	ת	Unbewußtheit, Naivität, das kosmische Kind	schwebender Zustand, nicht klar definiert
1	Der Magier	א	Bewußtsein, Wille, Suchen, Ergründen, Wissenschaft	1 - Sonne; Er beginnt die Kontrolle zu übernehmen
2	Die Hohepriesterin	ב	Unterbewußtsein, Intuition, geheimes Wissen	2 - Mond; Sie beginnt die Kräfte des Unterbewußtseins zu nutzen
3	Die Kaiserin	ג	Aktivität, Initiative, Erfolg, Einfühlungsvermögen	3 - Jupiter - Sie beginnt Macht auszuüben
4	Der Kaiser	ד	Macht, Kraft, Wille, Stabilität, Stolz	4 - Uranus, Er verändert die Welt nach seinem Willen
5	Der Hohepriester	ה	Inspiration, Weisheit, Belehrung, Aufklärung	5 - Merkur, wirkt als Vermittler zwischen innen und außen
6	Die Liebenden	ו	Vor Entscheidungen, Liebe, Inspiration	6 - Venus, man lebt Gefühle aus
7	Der Wagen	ז	Triumpf, Sicherheit durch Vorsehung, höherer Schutz	7 - Neptun, nutzt die Kräfte der verborgenen Welten
8	Gerechtigkeit	ח	Ausgleich, Gerechtigkeit, Gericht, Entscheidung	8 - Saturn, praktiziert spirituelle Gerechtigkeit
9	Der Eremit	ט	Weisheit, Erkenntnis, Suche nach Erleuchtung, Klarheit	9 - Mars, sucht in der materiellen Welt nach der Wahrheit

10	Das Rad des Lebens	י	Wandlung, Wechsel auf eine höhere Ebene, Schicksal	(10) 1 - Neubeginn auf der nächsten Ebene
11	Magische Kraft	כ	Einsatz geistiger Kräfte, Courage, Durchsetzungs-fähigkeit	2 - nutze jetzt die Kraft des Unterbewußtseins
12	Das Opfer, der Gehängte	ל	Opfer überholter Dinge/Ideen, Prüfung, Verluste	3 - muß sich von den falschen Teilen seines Karma trennen, das oben unter 3 verursacht wurde
13	Der Tod	מ	Umwandlung, Veränderung, Tod, Neubegin	4 - oben handelt Er, jetzt handelt die Welt und Er muß es dulden
14	Ausgleich	ג	Mäßigkeit, Schaffung der Harmonie, Abwarten	5 - passive Kommunikation statt der bewußten, aktiven oben
15	Der Teufel	ס	Meisterung der materiellen Welt, Sex, Verstrickung	6 - hier lebst Du das aus, was oben eher platonisch war
16	Der Turm	ע	Zerstörung alter Prinzipien, Ent-Täuschung	7 - die Quittung für den leichtsinnigen Einsatz von magischen Kräften
17	Die Sterne	פ	Geistiger Wohlstand, Eingebung, Glück, Hilfe	8 - Belohnung für die unter 8 geübte Gerechtigkeit
18	Der Mond	ץ	Verborgene Einflüsse, das Unbewußte, Unsicherheit	9 - Dein Unterbewußtsein handelt jetzt in der Welt und Du durchschaust es nicht
19	Die Sonne	ק	Triumpf, Freude, irdischer Wohlstand, Glück	1 - Ernte der Früchte Deiner Entwicklungsarbeit
20	Das jüngste Gericht	ז	Tiefgreifende Veränderung, Neubeginn, Karma	2 - das tiefe Unbewußte reguliert Dein Leben

21	Das Universum	ש	Die Synthese, Ende der Epoche, das Endprodukt	3 - kosmische Macht fließt durch Dich
22	Der Narr	ת	Unerwartete neue Impulse, Gleichmut aus höherer Einsicht	4 - Neubeginn, neue Veränderungen auf einer höheren Ebene,

Wie Sie sehen, paßt die indische Numero-logie mit einer überzeugenden inneren "logie" (Logik) zum Tarot, das in dieser Vollständigkeit nur aus dem europäischen Mittelalter überliefert ist. Die weiter vorn erwähnten Tonscheiben, die man in Indien und Südamerika gefunden hat, können wir nicht mit der nötigen Genauigkeit lesen. Wir können nur vermuten, daß diese Tonscheiben-Spiele einem ähnlichen Zweck dienten.

Nach meinen Erfahrungen ist der Tarot von Crowley am weitesten ausgefeilt und differenziert. Er wird höchsten Ansprüchen gerecht, nicht zuletzt deshalb, weil Crowley es verstand, sowohl seine spirituelle Entwicklung als auch seine Auseinandersetzung mit der materiellen Welt erfolgreich voranzutreiben. Er war sicher ein "ziehmlich ausgefippter Typ" wie man heute vielleicht sagen würde. Und es ist kein Wunder, daß er mit der Welt der Spießer, mit den "guten Christen" und vielen anderen "Normaldenkern" in Konflikt geriet. Ich will ihn weder hochloben noch ausführlich diskutieren. Vieles in seinen Schriften ist mir zu chaotisch oder zu einseitig. Doch er hat durch sein Leben gezeigt, daß er konsequent alles ausprobiert hat und entschlossen dran geblieben ist, um alles zu erforschen, was ein Mensch mit den okkulten Praktiken, mit Yoga, Magie usw. erreichen kann. Das zeigt sich in seinem hochwertigen Tarot-Spiel.

In der Auflistung der großen Geheimnisse in 22 Entwicklungsstufen sind sich alle Autoren seit dem Mittelalter einig, bis auf Waite (1857-1941). Dieser Autor vertauschte in seinem Rider-Waite Tarot die Position der Karte 8 (Gerechtigkeit, Gericht) und die Karte 11 (Magische Kraft, Macht). Wenn wir der 8 (Saturn und auch Jehova) die Macht zuteilen, dann bedeutet das, diese magische Kraft kommt aus tiefster Vergangenheit.

Hinzukommt, daß Jehova der Kriegsgott der alten Juden war und im mittelalterlichen Gebrauch wie der Saturn mit Krieg und Pest in Verbindung gebracht wurde, also mit einem strafenden Gott wie im alten Testament. Es widerstrebt mir, magische Kraft aus den Kräften eines Rachegottes zu ziehen und in diesem Sinne zu leben.

Es widerstrebt mir ebenso, wenn die Karte 11 (eine Mondkraft) als Gerechtigkeit dargestellt wird. Das erinnert daran, daß in alten Zeiten, noch vor dem Judentum, die menschliche Gesellschaft matriarchalisch orientiert war. Die alten Mütter sprachen Recht. Und das hatte in der Regel nichts mit einer höheren, göttlichen Gerechtigkeit zu tun. Alte Weiber neigen dazu, alle jüngeren Frauen zu unterdrücken, so lange sie die Macht halten können. Und die unterdrückten Frauen machen so weiter, sobald sie die Gelegenheit bekommen.

Die Matriarchate der Vorzeit waren keineswegs besser als die hierarchischen Patriarchate späterer Kulturen. Irgendwer mußte immer leiden unter dem engstirnigen Gebrauch persönlicher, politischer und priesterlicher Macht. Es drängt sich noch die Vermutung auf, daß bei Waite die Magische Kraft von Nr. 11 zur Ausübung einer privaten Rechtsprechung genutzt werden soll.

Folglich muß ich die Haltung von Rider-Waite in Bezug auf beide Karten ablehnen. Wenn wir bedenken, daß Rider-Waite ein amerikanischer, katholischer Jude war, dann bekommt das Ganze natürlich seinen eigenen Sinn - aus dessen Sicht. Das Spiel ist jedenfalls nicht in gleicher Weise traditionell abgesichert und keineswegs wertfrei im Sinne einer allgemeinen Gültigkeit. Es bringt private Interessen und Tendenzen zum Ausdruck.

Passend dazu lehnte Waite seinerzeit die Mahatma-Idee in der Theosophie ab und wurde wegen seiner Eigenwilligkeiten ausgeschlossen. Er trat dann dem Bund von Crowley bei (Golden Dawn) und gründete später seinen eigenen Verein. Die Mahatma-Idee besagt in der Theosophie ebenso wie in der indischen Tradition, daß es "zu Lebzeiten befreite Menschen" gibt. Es ist also möglich, daß Menschen durch ein geeignetes positives Leben ihr Karma aufarbeiten und Befreiung erlangen. Derartige *Lebendbefreite* sind offen oder unerkannt Führer und Entwicklungshelfer der menschlichen Rasse.

Wenn Waite ausgerechnet dieses Wissen um die Existenz geistiger Führer und Lehrer ablehnte und wir dann noch die Vertauschung von 2 grundlegenden Elementen hinzunehmen, dann hatte er offensichtlich etwas nicht begriffen. Sein Ausschluß aus der theosophischen Weltbewegung war begründet. Wir können weiter vermuten, daß er dazu neigte, anderen Menschen seinen Willen aufzudrängen und seine Eigenwilligkeit zum Maßstab zu machen. Ich meine, daß dieses Spiel für jeden seine Berechtigung hat, der sich zum alten Judentum hingezogen fühlt und der seine Kräfte aus alten Entwicklungsepochen bezieht.

Ich ziehe die ursprüngliche Geisteshaltung und den Glauben an eine kontinuierliche Entwicklung vor. Der Glaube

an eine höhere Gerechtigkeit macht mir keine Angst. Ich muß nicht mit magischen Kräften Gericht halten. Das steht mir gar nicht zu.
Durch die intensive Praxis des Kundalini Yoga habe ich selbst wiederholt mit verschiedenen Mahatmas Kontakt gehabt. Sie haben meine Entwicklung beobachtet, mir Prüfungen auferlegt und mich betreut, damit ich den rechten Weg finde. In sofern brauche ich dieses Thema nicht zu diskutieren.
Wer eine gewisse Reife und damit verbunden, eine gewisse innere Sicherheit erreicht hat, der kann sich ohne Bedenken in den Strom des Lebens stürzen. Er wird nicht untergehen. Die Wasser des Lebens werden ihn sicher von Stufe zu Stufe tragen, bis er eines Tages zur vollkommenen Einsicht gelangt und Eins wird mit dem Einen.
Die Praxis des Kundalini Yoga ist optimal geeignet, um unsere intuitiven Fähigkeiten zu steigern. Durch das Verstandesdenken sind wir alle geistig behindert. Durch diese Yogatechniken wird unsere Intuition befreit und optimiert. Wir bekommen Zugriff auf die geheimen Datenbanken unseres Unterbewußtseins und, mit etwas Konsequenz, sogar auf den Akasha, das geheime, kosmische "Buch des Lebens". Kundalini Yoga ist also optimal geeignet, um unser Verständnis für die Lehren in meinem Buch zu vertiefen.
Die Lehren des Kundalini Yoga wurden von mir in zwei Bänden unter dem Titel "Energytraining" niedergeschrieben.

Wie Sie sehen, sind wir durch diese kleine Diskussion unversehend über den Tarot in die Auswirkungen des Tarot hineingeraten. Der Tarot hat also viel weiterreichende Konsequenzen, als der Anfänger vermutet! Die Karten und ihre

Benutzung können also das Leben und die Arbeit eines Menschen beeinflussen. Damit sind wir schon in den Grenzgebieten der Magie.
Die Numerologie, eine einfache Form der Astrologie, die Kabbalah mit ihren zahlreichen Hinweisen zur Welt der Engel, Erzengel und Götter, und der Tarot als mystischer Einweihungsweg bauen aufeinander auf und leiten nahtlos über zur Magie. Damit wir die Grundlagen des Tarot und der Magie begreifen können, müssen wir uns vorher noch mit der Symbolik vertraut machen. Ebenso wie die Numerologie und die Kabbalah ist die Symbol-Lehre eine der Säulen des Tarot und der Magie.

Hinter den 22 großen Arcana schließen die kleinen Arcana an, 4 x 14 Karten. Je nach Überzeugung des Autors ohne spezielle Ordnung, also Becher, Stäbe, Schwerter und Scheiben gleichrangig nebeneinander oder in einer bestimmten Reihenfolge.
Da viele mystische Quellen davon ausgehen, daß zuerst der Geist da war, der Geist als solcher (Licht, Energie) mit der männlichen Kraft im Universum gleich gesetzt wird, stellen viele Autoren die Stäbe (männliches Symbol) an den Anfang. Der Stab steht aber nicht nur für den Mann, Penis, Zauberstab, sondern auch für den Grabstock, das erste primitive Werkzeug des Menschen, auf der Suche nach Wurzeln, kleinen Tieren und um Samen zu pflanzen.
Das war wiederum eher die Aufgabe der Frauen. Sie benutzten also von altersher Stöcke zur Verteidigung, als Werkzeug und später im Alter, um sich darauf zu stützen. Die Frauen benutzen auch die Männer in diesem Sinne. Sie belohnen die Männer mit Sex und angenehmen Gefühlen, dafür dürfen die mit ihrem Zauberstab den weiblichen

Acker bestellen, Ihren Samen in den "fruchtbaren Boden" senken und später müssen sie sich um die Versorgung ihrer Kinder kümmern und um die Verteidigung der Familie.
Schon mit diesen wenigen Vergleichen wird deutlich, daß es für naturverbundene Menschen enge Beziehungen gab zwischen Naturkräften, Symbolen, Handlungen und Sex. Das ganze Leben wurde als natürlich, magisch und erotisch-fruchtbar empfunden. Wenn wir diese erotische und sexuelle Komponente der Mystik und der Magie ignorieren, geht uns ein ganz wesentlicher Teil des Lebens und ein wesentlicher Teil im Verständnis der magischen Rituale, des Tarot, der Kabbalah usw. verloren.

Hinweis:

Ich erwähnte, daß in Indien ein urtümliches Tarot gefunden wurde. In Indien lauten die vier Tarot-Symbole: Muschelhorn, Feuerrad, Lotos und Keule, doch was ist was? Nach einer anderen Interpretation spricht man von einem Diskus, aber ist der Diskus nun mit dem Lotos oder mit dem Feuerrad identisch? Was entspricht dem Becher bei uns, was dem Stab, dem Schwert und den Scheiben?
Ist die Keule der Stab, das Muschelhorn der Becher, der Lotos die Scheibe, dann wäre der Diskus (eine Waffe) das Schwert und identisch mit dem Feuerrad und wiederum der Luft zuzuordnen.

Partnerschaft und Beziehung in den Geheimnissen der großen Arcanas

1	Der Mann erwacht und beginnt sich zu schulen und zu entwickeln. Er stößt auf die Frau, die schlummert.	2	Die Frau wird geweckt und beginnt sich zu regen.
3	Sie wird aktiv und beobachtet den Störenfried.	4	Der Mann muß nun Farbe bekennen, seinen Platz bestimmen und einnehmen und demonstrieren, daß er seine Welt ordnen kann um ihr zu imponieren.
5	Nun müssen beide ihren inneren Ratgeber befragen, ob es Sinn hat, den Weg gemeinsam zu gehen.	6	Sie erklären sich gegenseitig ihre Einsichten und treffen Entscheidungen. Hier kann es sein, daß unerwartet ein 3. Partner ins Spiel tritt und sich für einen der beiden ein neuer Weg eröffnet.
7	Nachdem er sich für einen Weg und eine Frau entschieden hat, gleitet er unter den Fittichen seines Schutzgeistes dem nächsten Ziel entgegen (9).	8	Während er sich profiliert, wird sie zur Richterin. Seine Fortschritte werden an ihrem inneren Maß gemessen.
9	Er muß nun selbst Bilanz ziehen. Außen erfolgreich, innen verlassen und irritiert, oder außen isoliert und innen entwickelt?	10	Beide müssen sich überraschen lassen, ob ihre Entscheidungen richtig waren. Aufs Rad gebunden hält das Schicksal Gericht.

11	Sie hat richtig gerichtet, richtig entschieden, das verleiht ihr magische Kraft. Während der erste Zyklus mehr von außen nach innen lief und vom Magier zum Rad, beginnt der 2. Zyklus mit dem magischen Weib.	12	Er muß sich reinigen lassen von all seinen Fehlern und Illusionen, sonst schaft er die 2. Dekade nicht. Ein Mann ist schwach und durchscheinend genug, er überlebt es und gewinnt neue Jugendkraft.
13	Der Tod unterscheidet nicht in Mann und Frau. Er ist anonym und hier beginnt die Läuterung. Nur wer ihn transzendiert, lebt weiter.	14	Hier gilt es die Androgynität zu schaffen, den Ausgleich zwischen innen und außen, oben und unten, rechts und links, Mann und Frau. Das erfordert Geduld. Da geschieht außen nicht viel, innen sehr viel.
15	Nachdem der innere Ausgleich geschaffen wurde, kommt die äußere Konfrontation und Manifestation. Ob allein und herausgefordert von neuen Partnern oder mit einer festen Partnerin, jetzt wollen Sex, Erotik und die kommerzielle Welt gemeistert werden. Zögere nicht, aus Dir herauszugehen und die Welt zu konfrontieren! Gehe sie an! Du gewinnst. Mach' sie Dir untertan! Hier brauchst Du einen weltlichen Ratgeber und Meister!	16	Jetzt gilt es Bilanz zu ziehen. Wer der äußeren Welt verfallen ist, wird gerichtet, wer sie gemeistert hat, durchbricht selbst alle Schranken und Illusionen. Durch ihn wirkt Gott! Deine geistige Reife und Erkenntnis entscheiden darüber, ob Du den Zusammenbruch als Befreiung oder als Ruin, als Katastrophe empfindest. Egal, jetzt wirst Du befreit! Mit oder ohne Deine Zustimmung!

17	Endlich! Deine zarte weibliche Seele blickt hinauf zu den Sternen. Das Licht des Ewigen erstrahlt auf Deiner Stirn, die Milch der Milchstraße ergießt sich durch deine Brüste auf die Erde und nährt sie und die Deinen. Dein Schoß öffnet sich den heilenden Kräften der Mutter Erde und gebärt neues Leben. Es ist gut für Dich, das zu erkennen. Der Geist, der Dich durchdringt, ist männlich, doch diese Karte ist weiblich!	18	Du betest den weiblichen Schatten an, den Du im Monde siehst und kommst Dir hundserbärmlich vor. Allen Behauptungen zum Trotz ist das eine männliche Karte! Spiele sie aus! Erkennen, daß der Mond das Geheimnis der schlummernden Weiblichkeit in Dir aktiviert! Verbinde sie mit dem hilflos suchenden Animalischen in Dir!
19	Du hast es geschafft. Männlich und weiblich zugleich, das animalische bezwungen, liebevoll intergriert, wirst Du zum Kinde. Das Pferd trägt Euch beide, die Sonne verwöhnt Euch, geistige Einheit ist geschaffen und verinnerlicht, die weltliche Souveränität automatisch die Folge. Genieße all die Wonnen und Erfolge, die Dir die Erde und das Leben bescheren, Du hast all das redlich verdient!	20	Nachdem Du Deine Erfolge genossen hast, wirst Du daran erinnert, daß es noch andere höhere Aufgaben gibt. Alle, ob Mann, Frau oder Kind werden von Zeit zu Zeit an ihre kosmische Herkunft erinnert. Nutze diese Zeit zur Besinnung auf Deine inneren Werte und Verpflichtungen. Schaffe neue Pläne aus neuer Einsicht und erfülle Deinen Plan, Dein Großes Werk! Es lohnt sich, und Du kommst sowieso nicht daran vorbei!

21	Der Erde entrückt beginnst Du das Universum in Dein Bewußtsein aufzunehmen. Genieße die Phase der Universitas, der universellen Einheit. Reflektiere Deine früheren Leben, Deine geistigen Werte und Werke und dann schau, wohin Dich das Leben schickt. Wirst Du wiedergeboren als Narr oder als Gott? Wo ist der Unterschied?	22	Du solltest eine Entscheidung treffen! Bist Du Narr, dann wirst Du Gott. Wirst Du Gott, dann bis Du Narr. Alle anderen haben es leicht, sie brauchen nur ihrer Bestimmung zu folgen. Du bist frei davon! Du mußt selbst entscheiden, und das ist vielleicht das Schwerste, was es gibt. Wenn Du dich drückst, wirst Du zum Clochard, vom Kaiser zum Bettelmann.

Solange wir noch am Anfang unserer Suche stehen, erscheinen uns viele Lebensabschnitte und die Zukunft als Ganzes unklar und oft genug schwierig. Haben wir erst einmal den spirituellen Weg betreten, wird es zwar nicht immer leicht sein, doch unser alltägliches Leben wird immer mehr von Einsichten und Klarheit durchdrungen.
Wir beginnen immer bewußter zu leben. Nach und nach bekommt vieles einen Sinn, wo vorher kein Sinn sichtbar war. Plötzlich erkennen wir Zusammenhänge, die vorher verborgen waren. Wir erkennen unseren Lebensweg und die Zweifel über die Richtigkeit unseres Tuns fallen von uns ab.
Sobald wir diesen erleuchteten Zustand erreicht haben, macht alles einen Sinn, was je geschehen ist. Rückblickend erkennen wir unser Leben und es ist gut getan. Alles ist okay, und wir können voranschreiten in einer weitgehend bewußten Entwicklung. Wir haben jetzt die Chance, bewußt teilzunehmen im großen Spiel des Lebens. Dadurch erfüllt uns Freude und neue Kraft. Wir können das richtige

tun für uns und für andere. Genau dieser Entwicklung kann mein Buch dienen, wenn Du es zu nutzen verstehst. Das Leben ist schön. Nimm es an, nimm Anteil, mach' mit, entscheide selbst was richtig ist, und Du wirst sehen: Es ist alles okay, wenn Du es Dir selbst erlaubst! Genieße das Leben, beschreite den Weg der reinen Erkenntnis. Was mehr gäbe es zu tun? Was könnte besser oder größer sein, als daß wir uns in der Einheit mit dem kosmischen Bewußtsein und den göttlichen Aufgaben dieses Universums wahrnehmen? Tu es.

Tabelle der menschlichen Tätigkeiten zum Tarot

	Die theoretische Phase		Die Praxis auf Erden
1	wissen wollen	12	erdulden
2	fühlen, ahnen	13	loslassen müssen
3	aktiv sein	14	harmonieren
4	wollen	15	genießen
5	lernen	16	zerstören
6	lieben	17	schwingen
7	annehmen	18	abgrenzen
8	verantworten	19	ernten
9	erkennen	20	beenden
10	wandeln	21	einssein
11	schaffen	22	offensein

Die kleinen Arcanas

Wenn wir den Tarot als Wahrsagespiel benutzen möchten, ist in älteren Schriften, Tarot-Spielen und z.B. bei Papus für die Interpretation der verschiedenen Karten ein einheitliches Muster zu erkennen. Diese Aussagen stimmen nicht mit Crowleys Karten überein. Doch wenn Sie vielleicht ein einfaches Spiel in die Hand bekommen, daß nach dem traditionellen Muster aufgebaut ist, dann können Sie diese Tabelle anwenden.

	Stab	**Becher**	**Schwert**	**Scheibe**
König	Freund, verheiratet, Familienvater	Freund, Richter, Geistlicher, Junggeselle	Feind, Soldat, Polizist, ihm Mißtrauen!	Feind oder gleichgültig
Dame	Freundin, aufrichtig, gibt gute Ratschläge, ist oft Mutter	Freundin, Geliebte, Gebieterin	böse Frau, Machenschaften, Verleumdungen	gleichgültig und feindselig
Ritter	junger Mann, Freund	junger Mann, Geliebter	Feind, jung, Spion	Fremder, jung, Ankunft
Knappe	Kind, Freund, Bote eines Verwandten	Kind, Bote, Geburt	Kind, Bote, feindlich, schlechte Nachricht, Verzögerung	Kind, Bote, Brief
As	Beginn einer Unternehmung	Beginn einer Liebe	Beginn einer Feindschaft	Beginn des Vermögens, Erbschaft
2	Opposition gegen das Projekt	Widerstände gegen die neue Liebe	Besserung, Schlichtung	Hindernisse

3	Verwirklichung des Beginns	Verwirklichung der Liebe	Streit geht weiter, heftiger	Chancen festigen sich
4	Ernste Widerstande gegen das Projekt	Widerstände, Zwistigkeiten	Streit kann beigelegt werden	gegen das Vermögen
5	Sieg über die Widerstände	Sieg über die Schwierigkeiten	Feind triumphiert	Gewinn gleicht Verlust aus
6	Fehlschlag des Unternehmens	Fehlschlag in der Liebe	Feind besiegt	Ruin
7	Teilerfolge	Teilerfolge	Teilerfolge des Feindes	Teilvermögen
8	Teilerfolg der Opposition	weitere Störungen	nur ein Teilsieg des Feindes	Teilerfolge und Verluste
9	Verwirklichung des Erfolges	Mutterschaft	gewisse Fortdauer der Feindschaft	Vermögensausgleich
10	Unklarheit über die weitere Entwicklung	Unklarheit in der Beziehung	Ungewißheit wie es weiter geht	Unsicherheit über den Bestand des Kapitals

Bei der Namensgebung der großen Arcana gibt es nur geringfügige Differenzen von Autor zu Autor. Man erkennt sie eigentlich immer wieder. Meiner Meinung nach spricht das für den Wahrheitsgehalt dieser Einteilung.
Bei der Interpretation gehen bei großen wie bei kleinen Arcana die Meinungen wesentlich mehr auseinander. Dabei tritt die individuelle Auffassung bzw. die Geisteshaltung des jeweiligen Interpreten stark in den Vordergrund. Die mittelalterlichen Erklärungen bis zum Anfang unseres Jahrhunderts sahen oft stark kontrastiert das "Gute" und das "Böse", so warnt z.B. Karte 18 (Mond) vor verborgenen

Intrigen und Gefahren (Papus) und die 13 (Tod) sieht natürlich buchstäblich den Tod voraus.
Wenn wir bedenken, wie brutal die Verhältnisse im Mittelalter waren, dann ist diese Interpretation kein Wunder, sondern nur natürlich. Ich will nicht behaupten, daß wir das Mittelalter schon über-wunden haben. Die Verhältnisse in der Welt sind alles andere als stabil und freudig, doch die Veränderungen sind meiner Meinung nach ebenso deutlich. Spätestens seit Beginn des 3. Jahrtausends und der Errichtung der großen Energiepyramiden-Anlage in Südfrankreich gibt es die berechtigte Hoffnung, daß sich die Welt zum Positiven ändern wird. Speziell mit der Errichtung der 9 m Energiepyramide ist ein neuer Klang, eine neue Schwingung in die Welt gekommen, mit der sich alle Lebewesen auseinandersetzen müssen. Die Masse der Lebewesen ist sowieso im Fluß mit den kosmischen Entwicklungskräften und hat kein Problem mit der Umstellung. Es ist ja nur ein Schritt nach vorn.
Wenn auf der Erde überhaupt Störungen verursacht werden, dann durch Verstandesmenschen, die Angst haben ihre kleinen, vorübergehenden Kräfte zu verlieren. Diese Bestrebungen, etwas gewonnenes, erarbeitetes festzuhalten, resultieren daraus, daß ein kleiner Geist froh ist, überhaupt einen Erfolg zu haben. Dann will er diesen Erfolg festhalten, z.B. eine Methode, sein Geld zu verdienen. Er hat sofort Angst um seine weitere Existenz, wenn diese Methode nicht mehr funktioniert. Aus der Angst, nicht mehr satt zu werden, resultieren die meisten menschlichen Probleme, die auf unserem Planeten Störungen verursachen.
Es wäre wirklich begrüßenswert, wenn eines Tages die Grundlagen esoterischen Wissens und spirituellen Denkens in der allgemeinen Bildung Einzug halten würden. Das

Wissen um die inneren Zusammenhänge würde allen Menschen die Lebensführung erleichtern. Ich denke, wir haben allen Grund, mit positiven Gedanken in die Zukunft zu schauen und uns stets an den Grundsatz zu halten:

Positives zieht Positives an!

Hinweise für ein erfülltes Leben:

Innere Ruhe
Zufriedenheit
Prüfende Betrachtung
Zusammentreffen mit guten Menschen
Aktiv am Leben teilnehmen
Sich selbst und die Welt entdecken
Etwas aufbauen, kreativ tätig sein
Herzlichkeit

Wohin Sie Ihre Aufmerksamkeit richten,
dorthin fließt Ihre Energie!

Nach diesem Grundsatz lohnt es sich durchaus, die eigenen Gedanken auf erfreuliche und konstruktive Dinge auszurichten und sich von unerwünschten Erscheinungen fernzuhalten! Bei der Betrachtung des Tarot fällt auf, daß wir 78 Karten im vollständigen Spiel haben und daß unser Durchschnittsalter 78 Jahre beträgt. Die Karten symbolisieren also die elementaren Jahre und Stufen menschlicher Entwicklung hier auf Erden. Sie sind folglich Ausdruck und Bestandteil der materiellen Welt!
Die ersten 22 Karten zeigen uns übergeordnete Einflüsse auf, die aus dem Jenseits, aus höheren Welten und aus der

Zeit vor unserer aktuellen Inkarnation Einfluß nehmen auf unser jetziges Leben. Es sind die geistigen Entwicklungsstufen, die jeder immer wieder durchlaufen muß. Sie zeigen karmische Stufen, die aus unseren Handlungen in früheren Erdenleben resultieren und die wir mitbringen bei unserer Wiedergeburt.

Bei den vier Farben oder Elementen, den kleinen Arcanas, sind sich die Autoren nicht einig. Hier folgt meine Darstellung, für die ich gute Gründe habe. Wie schon erwähnt, bin ich sicher, daß wir das Feuer den Scheiben zuordnen müssen und da Becher mit Wasser und Luft mit Schwertern ebenfalls sicher ist, bleibt für die Stäbe nur noch die Erde übrig.

Auch das ist begründet, denn früher wurde der Stab immer mit grünen Blättern dargestellt, also ein Holz. Dazu gehört die Assoziation "Grabstock", der Beginn unserer Ackerbaukultur, bevor Pflüge erfunden wurden. Erinnern Sie sich an meinen Text ein paar Seiten zuvor. So gehört also zu den Stäben: Seßhaft werden, Kultur begründen, Haus bauen, eine Ausbildung machen usw.

Fassen wir die wichtigsten Punkte der verschiedenen kleinen Arcanas zusammen:

Farbe	Element	Bedeutung
Stäbe	Erde	Schöpfung, Unternehmungen, Geschäfte, Landwirtschaft, Ausbildung, Handlung
Becher	Wasser	Erhaltung, Partnerschaft, Liebe, Lehre, Unterricht, Kreativität
Schwert	Luft	Umwandlung, Untersuchung, Streit, Krieg, Analyse
Scheiben	Feuer	Entwicklung, Erkenntnis, Reichtum in allen Formen, Geld

Wenn Sie mit einem bestimmten Kartenspiel spielen, wird es immer sinnvoll sein, auch die persönlichen Überlegungen des Autors zu berücksichtigen, denn er hat sich ja etwas dabei gedacht, sein Spiel gerade so und nicht anders zu gestalten. Meistens liegt einem Spiel eine kurze Anleitung bei. Wenn Sie ein Spiel haben, wo die kleinen Arcanas nicht alle einzeln bebildert sind, wie z.B. das von Oswald Wirth, dann empfehle ich Ihnen z.B. das Zigeuner-Tarot-Buch von Papus zu verwenden, der diese Karten beschrieben hat.
Für das Crowley-Tarot verwenden Sie am besten Ziegler. Er ist sicher einer der besten lebenden Interpreten, seine Betrachtungen sind kontruktiv und positiv formuliert und er gibt wertvolle Anregungen. Auch wenn seine Bildbeschreibungen zum Crowley-Tarot gehören, sind doch die allgemeinen Erläuterungen, Affirmationen oder Fragen allgemein nützlich. Sie können auch auf andere Tarot-Spiele angewandt werden.

Zugegebermaßen würde ich manche Beschreibungen von Ziegler anders aufbauen, doch ganz gleich wer so eine Beschreibung verfaßt und was Sie lesen: Stets müssen Sie selbst vergleichen, sich hineindenken und dann die Entscheidung treffen, wie Sie mit den Karten und den Texten arbeiten möchten. Wenn wir den Sinn und die Absichten der Autoren erkennen, dann kann nichts schief gehen. Wir wissen dann was gemeint ist, und danach entscheiden wir selbst. Die eigene Entwicklung ist schließlich das Ziel. Je mehr Sie über diese Dinge lernen, desto differenzierter können Sie sich eine eigenen Meinung bilden.

Vom Sinngehalt des Tarot her können wir sagen, daß bei jeder Farbe vom As bis zur 10 ein systhematischer Aufbau, eine fortschreitende Entwicklung erfolgt. As drückt stets aus, daß hier etwas neues, großartiges beginnt. Daran anschließend können Sie nun Ihr Wissen um die Numerologie anwenden, so daß Sie nicht schon wieder ein neues System erlernen müssen. Das ist der Nutzen von diesem Buch. Am besten wir stellen die Zusammenhänge in einer Tabelle dar.

Schematischer Aufbau der 4 Farben des Tarot

Nr.	Num	Bedeutung
As	1	Etwas Neues beginnt, Wille.
2	2	Unbewußte Fakoren treten auf, kann eine Störung beinhalten, Intuition ist gefragt.
3	3	Es gilt zu handeln, Wille und Kraft sind vorhanden, Chance nutzen!
4	4	Es kommt zu Veränderungen, kann auch ein Rückschlag sein, lieber freiwillig etwas ändern, als es erleiden.
5	5	Die Chance etwas neues kennenzulernen, innere Zusammenhänge zu erfahren oder einen Ratgeber und Freund zu finden, der Ihnen neue Wege oder Zusammenhänge aufzeigt.
6	6	Es gilt Entscheidungen zu treffen. Es ist viel Gefühl, viel Stimmung vorhanden und es ist die Frage, ob Sie von diesen Stimmungen übermannt werden und Fehler machen oder ob Sie die Gunst der Stunde nutzen und sich mit ganzem Herzen Ihrer Aufgabe widmen.
7	7	Karte 7 gibt Ihnen ein gewissen Maß an Sicherheit auf Grund der direkten Beziehungen zu den übergeordneten Kräften, Ihre Intuition ist wach und auf dem Höhepunkt und es gilt, diese Kräfte einzusetzen. Das Schicksal meint es jetzt gut mit Ihnen!
8	8	Karte 8 rät zu einer bedächtigen Entwicklung, es gilt, alte Belastungen loszulassen, Karma zu überwinden und den Weg freizumachen für den Endspurt zum großen Z iel!

9	9	Nachdem wir so weit die Leiter der jeweiligen Entwicklung hinaufgeklettert sind verlangt die 9 von uns, daß wir die vorangegangenen Erfahrungen endgültig in die Tat umsetzen und daß wir das begonnene Werk zuende führen. Hier mag es noch einmal Widerstände geben, doch der Erfolg ist Ihnen schon sicher, wenn Sie jetzt am Ball bleiben.
10	1	Ein großer Entwicklungszyklus ist abgeschlossen und Sie haben die 9 Stufen der jeweiligen Entwicklung erfolgreich abgeschlossen! Genießen Sie Ihren Erfolg und ruhen Sie sich etwas aus, bevor es weiter geht.

Schon bald genug werden Sie merken, daß aus dieser Entwicklung, aus diesem Erfolg etwas Neues entsteht. Wieder und wieder wird sich das Rad des Lebens drehen und ein ums andere Mal werden Sie Stufen der Entwicklung hinaufsteigen! Damit kommen wir zu den Figuren oder Personen im Spiel.

Der **Knappe, Bube** oder bei Crowley die **Prinzessin** symbolisiert den noch lernenden Menschen, der sich gerade seiner selbst bewußt wird und die Chance hat, Fortschritte zu machen in seiner Evolution. Im Wahrsagespiel kann es ein Bote sein, jemand der eine Nachricht bringt oder die Nachricht selbst, auf die man lange gewartet hat. Auch in diesem Sinne beginnt hier eine Bewußtwerdung.

Der **Ritter** (bei Crowley der Prinz) hat die Pflicht zur Tat, ihm mangelt es vielleicht an Intuition, doch er hat Kraft zur Verfügung und kann Aufgaben realisieren oder eine Entwicklung unterstützen oder beschützen.

Die **Königin** verfügt genau über diese Intuition, die dem Ritter noch fehlte. Während der Ritter noch einen Auftrag braucht, um aktiv zu werden (einen Anführer, den König oder die Königin), kann die Königin ihm die erforderlichen Anweisungen geben. Sie trifft die Entscheidung, gibt den Auftrag und der Ritter realisiert das Vorhaben. Für Sie selbst als Königin gilt es, Entscheidungen intuitiv zu treffen.

Der **König** (bei Crowley der Ritter) schließlich vereinigt in sich Intuition und Tatkraft, er kann jedes Vorhaben angehen und erfolgreich realisieren. Im Verein mit seiner Königin, seinem Ritter und seinem Knappen ist er unschlagbar. Auch mit den Personen der anderen Farben ergeben sich sehr fruchtbare Kombinationen im Spiel des Lebens.

Anwendung des Tarot
auf die Entwicklungsstufen unseres Lebens

0 - 21 - die großen Arcana - erneute Menschwerdung in jedem Leben

Das Spiel beginnt mit der Null, dem Narren, dem naiven, unbekannten Menschen, also unser Leben vor der Geburt, der Embryo mit seinen Einflüssen aus früheren Erdenleben. Mit den grundlegenden 22 Karten werden uns die elementaren Entwicklungstufen vermittelt, bis zur Volljährigkeit mit 21 + wiederum der Narr, der nun sehen muß wo er bleibt.

22 - 36 - die Stäbe - gesellschaftliche Anpassung, Orientierung

In den folgenden Jahren bis Anfang dreißig sind Menschen heutzutage noch mit Studium, lernen und Entwicklung beschäftigt. In dieser Zeit werden die Grundlagen geschaffen, für das weitere Leben. Um die 30 steigen viele Menschen aus ihrem bisherigen Beruf aus und fangen neu an, weil sie erkennen, daß es noch andere Dimensionen gibt als das, was sie vorher unter dem Einfluß ihrer Eltern gelernt haben.
Die zwanziger bis Mitte der dreißiger Jahre unseres Lebens sind noch sehr emotional geprägt, die jungen Menschen studieren, diskutieren, protestieren, streiten sich um Ansichten usw. Sie lehnen die etablierte Ordnung ab und wollen eine neue schaffen. Liebe, Sex und Partnerschaft spielt eine große Rolle. Es werden Familien gegründet und sie zerfallen schon wieder, da das heutige Leben und die alten

Muster, die in uns stecken oft nicht so gut zusammen passen.

37 - 50 - Becher - emotionale Reifung und Krise

Was hier wirkt ist das Wasser, Gefühle, Stimmungen, Sex, Liebe, Instinkt. Ebenso wie einst das Leben aus dem Wasser an Land gestiegen ist, durchlaufen wir hier noch einmal diesen Prozeß.
In früheren Ausgaben meines Buches habe ich die Becher vor die Stäbe gestellt. Dafür gibt es gute Gründe. Wenn wir z.B. geistig in tiefer Meditation an den Ursprung des Universums gehen, dann entsteht als allererstes ein Licht in der Dunkelheit. Also war doch vermutlich die Dunkelheit vorher da. Und das Leben auf Erden war zwar geistig schon vorhanden, bevor es Wasser gab, doch dann manifestierte es sich zuerst im Wasser. Das Feuer war auf alle Fälle ganz am Anfang da. Doch wäre es richtig das Feuer an den Anfang zu stellen? Die Luft war ebenfalls vorher da. Doch war sie belebt?
Ich denke, die hier verwendete Reihenfolge ist okay. Wenn die ganze Welt es so sieht und es eine Menge guter Gründe für diese Reihenfolge gibt, dann können wir sie verwenden. Die anderen Überlegungen mögen Anregung sein für weitere Gedanken und Experimente mit den Karten.
Viele Menschen kommen pünktlich mit ca. 37 / 38 in eine Krise, die sogenannte Midlifecrisis. Mitte 45 kommen die Frauen in die Menopause. In diesen Jahren können und müssen wir Bilanz machen mit unserem Leben und der Gesellschaft, unsere Familienpflichten erfüllen, uns beruflich qualifizieren, damit fertig werden, daß wir nicht mehr die Power haben wie mit 25.

Haben wir eine solide Basis geschaffen für die weitere Entwicklung? Eine Besinnung auf uns selbst findet statt! Vielleicht wird auch klar, daß vieles anders gelaufen ist als gedacht und erwartet oder geplant. Damit müssen wir fertig werden.
Dabei mag es zur Trennung von Familie und Partnern kommen, zur Entfremdung von Eltern und Geschwistern. Es werden ganz neue Verbindungen geschaffen unter ebenso neuen Gesichtspunkten.

51 - 64 - Schwerter - Unterscheidungen - Konflikte

Nachdem wir so die Etappe der Becher durchlaufen haben, schließt sich die Luft-Epoche an. So wie das Leben, initiiert durch den Geist aus dem Universum sich auf der Erde und im Wasser der Erde manifestierte, dann aus dem Wasser die Erde neu eroberte und später in den Luftraum vordrang, setzen wir uns in den nun folgenden Jahren innen und außen mit dieser Welt auseinander.
Es gilt, das eigene Geschäft zu sichern, seine Interessen zu verteidigen, unterscheidungsfähig zu sein, sich abzugrenzen usw. Dazu gehören Luft und Schwerter und die Jahre von 51 bis 64. Mit dem Schwert unseres Verstandes müssen wir die Welt analysieren. Ent-täuschungen müssen aufgeklärt werden. Vielleicht fühlen wir uns schon alt und müssen unsere Interessen verteidigen. Vielleicht sind wir zu konservativ, zu schwerfällig und werden attakiert. Vielleicht will jemand unsere Früchte ernten!
Mit 64 werden wir in Pension geschickt, man braucht uns nicht mehr, man will uns loswerden (heißt es). Doch dieses "Abschieben" gibt uns die Gelegenheit, frei über die eigene Zeit zu verfügen, wiederum zu forschen, uns zu entwickeln

und auf ganz neue Weise Bilanz zu machen in unserem Leben. Heute sind wir mit 64 kein altes Eisen! Wir können mit etwas Aufmerksamkeit noch gesund und vital sein! Wir haben es als menschliche Wesen geschafft, den Sumpf grauer Vorzeit zu verlassen und sind flügge geworden. So wie die Vögel den Luftraum eroberten, und so wie es dort oben keine direkten Grenzen gibt, können auch wir uns, wenn wir es richtig verstehen, aus den Grenzen des Erdenlebens lösen, aus den Grenzen des Materialismus und des Geldes und auf die inneren Werte setzen, statt auf äußeren Reichtum.

65 - 78 - Scheiben - Erntezeit

Und genau das ist die Aussage der letzten Farbe, der Scheiben! Von 65 bis 78 können wir die Früchte unseres Lebens ernten. Wer begriffen hat, daß es hier auf Erden trotz aller Irritationen und trotz allem Schein um diese inneren Werte geht, der wird begreifen, daß er sich und sein Leben nicht durch Maschinen oder Macht schützen kann.
Und wer diese inneren Zusammenhänge begreift, der wird durch Pflichterfüllung, durch gewissenhafte Taten in den Jahren von ca. 40 bis 60 an seinem Lebensabend zu geistiger Freiheit gelangen. Der geistige Erfolg wird seinen irdischen Bestand sicher, nicht umgekehrt! Wer in diesem Sinn das Leben begriffen hat, dem leuchtet das Gold der Sonne, der Scheiben, und für den ist die Reifung seiner geistigen Entwicklung pures Gold, innen wie außen!

So schließt sich der Kreis: Aus dem kosmischen Bewußtsein, das sich in 22 (0 - 21) Etappen manifestiert, in 4 x 14

bzw. 8 x 7 Jahren, spannt sich der Bogen unseres Lebens bis 78, die Anzahl der Tarotkarten.
Und immer dann wenn der Narr eine Entscheidung trifft, wird aus dem As der Beginn einer Entwicklungsreihe, bis zum Schluß als letzte Karte der Narr wiederum übrig bleibt, der nun sein ganzes Erdenleben durchlaufen und durchlebt hat und schließlich vor der Wahl steht, zu sterben oder in freier Schöpfung seinem Leben weitere Jahre hinzuzufügen. Der Mensch ist alt geworden. Vieles, was ihn früher erregte und faszinierte, hat an Bedeutung verloren. Doch wenn er es geschafft hat, geistig rege zu bleiben, kann er neue, unbekannte Entwicklungsschritte in Angriff nehmen und Beispiele geben für neue Schritte, die irgendwann einmal allgemein üblich sein werden!

Die Zahl des Menschen ist 7, sagen viele Mystiker. Tatsächlich verändern wir uns alle 7 Jahre. Es gibt 12 Tierkreiszeichen. Und wenn es uns gelingt, 84 Jahre alt zu werden, dann haben wir jedes Tierkreiszeichen 7 mal durchlaufen. Auch das ist ein bedeutender Teil unserer zyklischen Entwicklung.

79 - 92 - Äther - geistige Welten

Wir wollen nicht vergessen, daß es ja 5 klassische Elemente gibt, daß also auf diese Karten hin das Element Äther (Akasha) folgt mit weiteren 14 Stufen, für das es im Tarot bisher keine Entsprechung gibt, weil zu den Zeiten, als dieses Spiel geschaffen wurde, die Menschen kaum eine Ahnung hatten von diesen höheren Entwicklungsstufen. Äther oder Akasha wird die neuen Stufen von 79 bis 92 einnehmen, an deren Realisation die Menschheit jetzt arbeitet.

Bevor ich meine Einführung in den Tarot beende, möchte ich noch einen Hinweis geben auf die Tafel der chemischen Elemente. Meine Ausführungen enden bei einem Entwicklungsalter von 92 für das Tarot-Spiel. In der Tafel der chemischen Elemente steht an dieser Stelle Uran. Der Ur-Ahn! Wenn wir in unserer geistigen Entwicklung dort angekommen sein werden, werden uns diese Kräfte der Urahnen bewußt. Wir werden eine Ahnung bekommen vom Urgrund, aus dem alles hervorgegangen ist. Einige Jahre dachten die Forscher, daß das Element 92 das letzte sei. Doch dann entdecken sie die Transurane.

<u>93 - 106 - der Griff in die jenseitigen Welten</u>

War es eine Ahnung von der Faszination des Urgrundes, der immer noch in uns allen gegenwärtig ist, oder warum haben die Elementarphysiker (man beachte diesen Titel!) inzwischen synthetische Elemente geschaffen? Die künstlichen Elemente haben nur eine sehr geringe Lebensdauer in unserer materielen Welt. Ich möchte es einmal so fomulieren:
Durch ungeheuren Einsatz an geistigen Mitteln, Milliardenbeträgen an materiellen Mitteln und enorme Konzentration auf diese Aufgabe gelingt es den Elementarphysikern geistige Kräfte oder Energien zu materialisieren. Schaffen sie wirklich hier neue Elemente, oder zerren sie göttliche Kräfte aus anderen Dimensionen für wenige Sekunden in unser Universum herüber?
In meinen Augen ist die heutige Arbeit der Elementarphysiker nichts anderes, als die Arbeit der Priester und Magier mit ihren magischen Beschwörungen in früheren Epochen.

Wir sehen, alles findet sich in allem wieder, und das Leben endet nie!
Im ewigen Kreisläufen oder Spiralen durchzieht unsere Erde und unser Sonnensystem den Weltenraum, und auf dieser Erde ziehen wir in immer neuen Inkarnationen unsere Kreise.
Ebenso kreist in uns der Funke des ewigen Lebens, der uns alle erhält, ebenso ruht in uns, an unserer Basis, die Kundalini-Energie, die ab und zu aktiviert wird, um uns ins Leben zu rufen, am Leben zu erhalten oder eines Tages unsere Erfahrungen aus dieser Inkarnation aufzunehmen und in einen anderen Körper hinüberzutragen.
Wie alt ein Mensch wird, hängt davon ab, wieweit er die kosmische Entwicklung in seinem Inneren nachvollziehen kann. Dazu ist das Spiel des Lebens, das wir alle spielen, in Form der Tarotkarten, ein guter geistiger Führer in den inneren Raum.
Diesen Führer gilt es zu erweitern, auszubauen bis auf 92 Karten und sobald es sich jemand zutraut bis auf 106!
Die Elementarphysiker sind bei der Schaffung künstlicher, radioaktiver Elemente vorangekommen. Die Reihe der Elemente reicht jetzt bis 111. Alle diese Elemente sind sehr instabil und zerfallen sehr leicht. Doch man vermutet, daß ab dem Element 124 wieder stabile auftauchen könnten. Wer weiß, vielleicht geht es hier um die Schaffung neuer Prinzipien und sogar neuer Universen.

Übersichtstabelle Tarot: Entwicklungsstufen und Periodensystem

Zahl	Namen	Bedeutung, Sinn	Auffälligkeiten bei den chemischen Elementen
0	Narr	Das kosmische Bewußtsein, Beginn der Schöpfung, kosmisches Bewußtsein	Das Proton, kein ganzes Element, aber jederzeit bindungsfähig. Die Chemiker nennen es "freies Radikal!"
1- 21	große Arcana, Menschwerdung	Wir durchlaufen die Entwicklungstufen der Menschwerdung, Unterrichtung und Prägung durch Außenstehende Eltern, Lehrer, Vorbilder, stellvertretend für das kosmische Bewußtsein, das durch sie wirkt.	In dieser Gruppe fällt auf: 1 - Wasserstoff 6 - Kohlenstoff 7 - Stickstoff 8 - Sauerstoff 9 - Fluor 11 - Natrium 12 - Magnesium 14 - Silizium 15 - Phosphor 16 - Schwefel 19 - Kalium 20 - Calzium Das sind fast alle wichtigen Elemente aus denen alle Lebewesen auf Erden aufgebaut sind. Es fehlt nur noch Eisen und ein paar wichtige Spurenelemente!

22 - 36	Stäbe	Element Erde, Eroberung der Erde, Sicherung der irdischen Existenz, Geschäftsgründung, Loslösung aus dem althergebrachten (midlifecrisis). Eigenständige Entscheidungen und Risiken.	Wichtige Spurenelemente 25 - Mangan 26 - Eisen 27 - Cobalt 29 - Cupfer 30 - Zinn 32 - Germanium 34 - Selen
37 - 50	Becher	Wasser, Wasser-mann, von der Urzelle bis zum Leben auf dem Festland, Selbstfin-dung als lebender Organismus, Familiengründung, Reproduktion, Abgrenzung von den Lehrern, Kontaktaufnahme zum Lehrer in uns!	Wichtige Spurenelemente 38 - Strontium 50 - Zinn
51 - 64	Schwerter	Element Luft, Ero-berung der höheren Ebenen, Übersicht gewinnen, abgren-zen gegen frühere Erziehungsmuster und Einflüsse, Schaffung irdischer Sicherheiten aus dem Bewußtsein, daß die geistigen Werte maßgeblich sind!	Das letzte lebenswichti-ge Element, darüber kommt keines mehr: 53 - Jod

65 - 78	Scheiben	Feuer (Licht), Befreiung von irdischen Pflichten, Pensionierung, Freiheit um wieder zu forschen, zu reisen und zu genießen, religiöse Einsichten (Religion ist die Rückbesinnung auf den Ursprung!).	78 - Platin Das teuerste Element im menschlichen Gebrauch.
79 - 92	Akasha	Element Äther, Entfaltung unserer geistigen Fähigkeiten, Übersinnliche Wahrnehmungen, wirkliche Freiheit vom Erdendasein, tiefe Rückbesinnung, der Zeit etwas voraus!	79 - Gold - das Element, das uns am meisten fasziniert. Danach kommen nur noch giftige: 80 - Quecksilber Ab 84 - Pollonium, sind alle Elemente radioaktiv. Sie strahlen. 88 - Radium 92 - Uran (Urahn)
93 - 106	Transzen dental	Mentalwelt, zukünftige Entwicklungsstufen ... dieser Narr!	Das tödlichste Element: 94 - Plutonium
107 - 120	Hyper-dimensional	Jenseits von Raum und Zeit.	Das bis jetzt (2000) letzte vom Menschen erschaffene Element: 111 - Unnununium

Legemethoden

Tu was Du willst, sei das ganze Gesetz!

Aleister Crowley, der Profi unter den Magiern und Esoterikern des 20. Jahrhunderts, hat wohl als einziger Okkultist unserer Zeit mit Ausdruck darauf hingewiesen, daß jeder selbst entscheiden muß; und zwar immer wieder aufs Neue! Also ist es das Wichtigste, daß Sie genau wissen was Sie tun! Sie brauchen beim Leben einen klaren Kopf, eine klare Vorstellung, eine klare Frage und dazu ziehen Sie dann ihre Karten. So bekommen Sie auch klare Antworten!
Sie können vollkommen selbst entscheiden, wie und wozu Sie Karten ziehen, z.B. für jeden Tag im Monat eine oder für jeden Monat oder einfach alle Karten gut gemischt der Reihe nach für das nächste Quartal usw.
Sie können einfach eine einzige Karte aus dem ganzen Päckchen für einen bestimmten Anlaß oder zu einer bestimmten Frage ziehen, oder sie wählen passend zur Frage nur eine Farbe aus.
Z.B. : Soll ich meinen Beruf wechseln?
Ziehen Sie eine Karte der Stäbe.
Oder was bringt mir der Tag:
Nur eine Karte der großen Arcanas.
Oder wie sieht es mit der Liebe aus:
Nur eine Karte der Becher usw.

Vor allem am Anfang wird es sinnvoll sein, nicht zu viel auf einmal zu ziehen, damit Sie die Übersicht behalten und wirklich schrittweise lernen!
Bewährt hat sich für eine einfache und zuverlässige Aussage folgendes Muster.

Die Methode von Papus (aus dem Mittelalter).
1. Ihnen muß innerlich klar sein, wofür Sie gerade eine Karte ziehen!
2. Mischen und ziehen Sie die Karten stets verdeckt. Jede Karte, die Sie anschauen beeinflußt schon wieder Ihr Unterbewußtsein.
3. Legen Sie die Karten in der gewünschten Reihenfolge verdeckt ab.
4. Ziehen Sie je eine Karte
* für die bisherige Entwicklung (Vergangenheit),
* für die gegenwärtige Situation,
* für die nahe Zukunft und
* für die weitere Entwicklung in den folgenden Monaten.
* insgesammt 4 Stück
5. Erst wenn Sie alle Karten gezogen haben, decken Sie das Blatt auf.

Das sagt schon eine ganze Menge aus und Sie behalten die Übersicht! Wenn es eine allgemeine Frage nach den Kräften ist, die Ihre Entwicklung leiten und steuern, dann benutzen Sie dafür nur die großen Arcanas.
Wenn Sie eine spezielle Frage haben z.B. die Entwicklung in Liebesdingen, dann sortieren Sie die Becher aus und ziehen Sie nach diesem Muster 4 Karten. Legen Sie die Karten mit kleinen Abständen nebeneinander auf den Tisch. Ziehen Sie anschließend für jeden Zwischenraum eine große Karte um zu sehen, welche übergeordneten Einflüsse diese Entwicklung, die von den kleinen Karten gezeigt wird, bestimmen und beeinflussen.

Legemuster nach Papus

	5. Karte		**6. Karte**		**7. Karte**	
	die Kraft, die die Entwick-lung von 1 nach 2 steuerte		Einfluß aus der Gegenwart in die nahe Zukunft		diese Kraft steuert die weitere Entwick-lung von 3 nach 4	
1. Karte		**2. Karte**		**3. Karte**		**4. Karte**
Vergan-genheit		Gegen wart		nahe Zukunft 3-4 Monate		weitere Zu-kunft bis 1 Jahr

Sollten gerade die letzten Karten schlecht ausfallen und Sie sind unzufrieden, dann können Sie zuerst unten neben der 4 eine kleine Karte und dann darüber auf Lücke eine der großen Karten ziehen. Die Länge der Reihe ist beliebig. Doch es hat nur einen Wert, solange Sie sich diese Entwicklung auch vorstellen können!

Ziehen wir gerade einmal ein Blatt als Beispiel. Ich werde jetzt die Karten zur Hand nehmen, und da es sich um ein Lernprogramm handelt, benutze ich die Stäbe.
Davon ziehe ich nun gleich die Karten.
Konkrete Frage: Karten 1 - 4:
Was bringt meinen Lesern dieses Buch?
Karten 5 - 7: Welche Kräfte haben die Entwicklung in der Vergangenheit beeinflußt, wohin geht es weiter bis zur Fertigstellung in ca. 2-3 Monaten und wie sind die Auswirkungen danach, wenn es neu benutzt wird?

	5. Karte		**6. Karte**		**7. Karte**	
	17 - Die Sterne		4 - Der Kaiser		9 - Der Eremit	
1. Karte		**2. Karte**		**3. Karte**		**4. Karte**
Königin der Stäbe		5 Stäbe - Strebsam keit		Ritter der Stäbe		As der Stäbe

Interpretation:

Mit meiner bisherigen Forschungsarbeit und den früheren Auflagen habe ich mir intuitives Wissen angeeignet und weitergegeben (Königin der Stäbe). Dabei flossen auch direkt die Früchte meiner spirituellen Arbeit aus dem Kundalini Yoga ein, Kontakte mit den Göttern und mit jenseitigen Wesenheiten, die mich belehrten (die Sterne).
Das leitete über zur aktuellen Situation (5 Stäbe, ich bin fleißig an der Neubearbeitung des Buches). Auch wenn ich geistig schon wieder bei anderen Aufgaben bin, muß ich mich jetzt erst einmal strebsam darauf konzentrieren, dieses Buch entsprechend meinem aktuellen Wissensstand fertig zu stellen. Um das erfolgreich zu regeln, brauche ich meine Willenkraft (Der Kaiser). Ich konnte das Buch jetzt nicht mehr warten lassen, die neue Bearbeitung stand an!
Daraus erwächst die Kraft des Ritters der Stäbe, der die Aufgaben der Königin (aus der Vergangenheit) verwirklicht. Er hat die nötige Power, um die Aufgabe abzuschließen.
Sobald die Aufgabe abgeschlossen ist (eine weltliche Aufgabe, Arbeit), beginnt der Eremit zu wirken. Ich kann die Aufgabe hinter mir lassen, so wie der Eremit die Welt

hinter sich läßt. Gleichzeitig beginnt die Lehre des Eremiten in der Welt zu wirken, das Buch wird verbreitet.
Damit tritt das As in Kraft. Es beginnt ein neuer Entwicklungsabschnitt. Die Menschen, die dieses Buch kaufen, beginnen mit den für sie neuen Informationen zu arbeiten und zu leben. Es ist für sie der Beginn eines neuen Entwicklungsabschnittes in ihrem eigenen Leben.
Logischerweise kann sich das Buch bzw. sein Inhalt erst auswirken, wenn es im Handel ist. Der Termin vom As wird in ca. 4 Monaten in Kraft treten, wenn die ersten Titel verkauft sind.
Sie sehen, wie differenziert und präzise wir mit dieser Methode Aussagen bekommen. Ich habe an diesem Blatt nichts geschönt oder korrigiert. Es kam einfach so, und es ist in sich logisch und sinnvoll.
Meine intuitiven Erfahrungen (die Königin) und die geistigen Botschaften (die Sterne) münden in einem neuen Lehrbuch der Esoterik (As).

☉ ☽ ☿ ♀ ♂ ♃ ♄ ♅ ♆ ♇

♈ ♉ ♊ ♋ ♌ ♍ ♎ ♏ ♐ ♑ ♒ ♓

Das Keltische Kreuz

Die Karten werden gut gemischt und in der Anordnung des "Keltischen Kreuzes" gelegt.

Karte 1	zeigt Dich und die Situation, die Dich umgibt
Karte 2	überkreuzt Deine erste und zeigt die ent gegengesetzten Kräfte, die Dich beeinflussen: Gutes oder Schlechtes, Positives oder Negatives.
Karte 3	zeigt Deine bewußten Gedanken zu der Frage.
Karte 4	zeigt Deine unbewußten Gedanken in Bezug auf die Frage.
Karte 5	zeigt die Einflüsse, die durch Dein Leben entstanden sind oder noch entstehen.
Karte 6	zeigt Einflüsse, die Dein Leben in Zukunft bestimmen,
Karte 7	zeigt Dich selbst.
Karte 8	zeigt die Umgebung in der Du lebst.
Karte 9	zeigt Deine Hoffnungen und Erwartungen.
Karte 10	Das Ergebnis. Die Antwort auf Deine Frage.

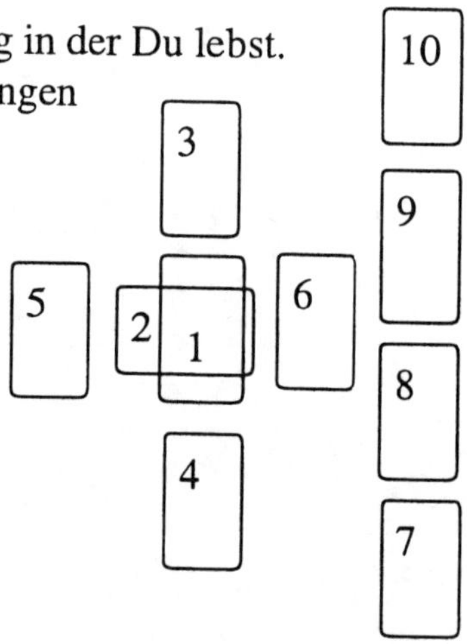

Die große Karte des Universums

Ziehen Sie nacheinander 13 Karten, eine für jedes Sternenzeichen, legen Sie diese 12 Karten in einem großen Kreis vor sich auf den Tisch und die letzte in die Mitte für Sie selbst - der Fragende. Analysieren Sie, was für Karten Sie für die jeweiligen Sternenzeichen gezogen haben. Was sagen Ihnen also die Karten zu den verschiedenen Zeichen? Wie sind die Kräfte in Ihrem Leben verteilt? Verwenden Sie dafür a) nur die großen Arcanas, b) nur je eine Farbe, z.B. die Stäbe, wenn es um berufliche Fragen geht oder um ein neues Projekt, welches Sie planen.

Nr.	**Zeichen und Planeten nach der heutigen Astrologie**	**Bedeutung**	**Numerologie**
1	Widder ♈ Mars ♂	Personalität, Erscheinung des Fragestellers, Ansicht; Leistungsfähigkeit	Sonne Führungsqualitäten
2	Stier ♉ Venus ♀	Materielle Besitztümer, Finanzen, Stabilität in Bezug auf die Erde.	Mond Intuition
3	Zwillinge ♊ Merkur ☿	Kommunikation, Briefe, Reisen, Geistige Freiheit,	Jupiter Anführer
4	Krebs ♋ Mond ☽	Häusliche Umgebung, Alterung, Eltern, Ende des Lebens.	Uranus Protest gegen Normen

5	Löwe ♌ Sonne ☉	Das Herz, Liebesaffären, Kinder, Vermutungen, aufregende Neuigkeiten, Führerschaft,	Merkur Kommuni kation
6	Jungfrau ♍ Merkur ☿	Gesundheit, Arbeit, Nahrung, sowohl physisch als auch spirituell.	Venus Liebe, Gefühle
7	Waage ♎ Venus ♀	Heirat, Partnerschaften, Verhandlungen mit der Öffentlichkeit,Gleichgewicht	Neptun Neugierde Abenteuer
8	Skorpion ♏ Pluto ♇	Das Occulte, Sexuelle Erfahrungen, Herrscher über den Tod, Geld	Saturn Mystiker
9	Schütze ♐ Jupiter ♃	Betrifft Gesetz, Philosophie, die Traumwelt, Ideale	Mars weltliche Aufgaben
10	Steinbock ♑ Saturn ♄	Beruf. Vollendung, Ruhm, Der Versorger, Mutter	Sonne erfolgreicher Anführer
11	Wassermann ♒ Uranus ♅	Hoffnungen, Wünsche, Erwartungen, Intellektuelle Ideale.	Mond verborgene Kräfte der Seele
12	Fische ♓ Neptun ♆	Möglichkeiten, Einschränkende Begrenzungen,Karma, Heimliche Feinde, Stärke oder Schwäche	Jupiter will Macht ausüben, unreif
13	☺	Fragesteller	Uranus Drang nach Änderung

Astrologie, Numerologie und Tarot

Der Sinn dieses Buches ist es ja, Verbindungen herzustellen zwischen verschiedenen Wissensgebieten der Esoterik. Vergleichen Sie einmal die Reihenfolge der Nummern ganz links, die man heute den Sternzeichen zuordnet mit den Aussagen rechts aus der Numerologie und mit dem, was Sie weiter vorn in der Numerologie über die Sterne gelernt haben.

Es wird Ihnen auffallen, daß die Zuordnungen der Astrologie nicht so deutliche Gemeinsamkeiten aufweisen zu den Aussagen der Numerologie, zumindest was die heutige Anordnung der Nummern zu den Sternzeichen betrifft, sowie die Planeten, die sich nach der Numerologie ergeben. Bei der Angabe der Planeten in ihrem eigenen Sternzeichen sind sich die Astrologen auch nicht ganz einig. Meine Angaben entsprechen der gängigen Auffassung. Doch es gibt eben nur 10 Planeten (in der Numerologie nur 9) und 12 Sternzeichen.

Wenn nun aber die Numerologie und der Tarot sich gut vertragen wie wir weiter vorn gesehen haben, dann erhebt sich die Frage, warum die Sternenzeichen nach der heutigen Astrologie so stark abweichen, z.B. hat ja der Stier (2), heute ein Zeichen für materielle Besitztümer, nichts mit der geheimnisvollen, intuitiven Hohepriesterin und dem Mond zu tun. Immerhin ordnet man dem Stier noch die Venus zu, also betrachtet man ihn als Fruchbarkeitszeichen, nicht etwa als Zeichen für schwere Arbeit.

In der alten Zeit, als diese Häuser und Symbole bestimmt wurden, handelte es sich bei der Hohepriesterin im Tarot zeitweilig um Isis, daß hat man heute wieder übernommen, doch zeitweilig auch um die Göttin Hathor. Deren Symbol war die Kuh als Symbol der Fruchbarkeit. Man nahm an, daß nur durch die Verehrung der Göttin Hathor Wohlstand erreicht werden kann. Vielleicht ist das die Erklärung für den Zusammenhang von Stier, materiellem Wohlstand und Karte 2 im Tarot, die Hohepriesterin und die weibliche Mondkraft, die Nr. 2 in der Numerologie. Doch dann müßten wir dieser Zeichen den Mond und nicht die Venus zuordnen.

Ich bin kein Spezialist für Astrologie. Die heutige Astrologie war mir immer etwas suspekt und zu theoretisch. Ich habe nicht die mindesten Zweifel an der Astrologie an sich, aber an dem was heute in der Astrologie vertreten wird. Soweit ich es in den vergangenen Jahren beobachten konnte, ist die Astrologie für Verstandesmenschen viel interessanter, als z.B. der Tarot. Wenn sich jedoch Verstandesdenker mit so einem subtilen Stoff befassen, dann verändern sie natürlich die Bewertungen nach eigenem Empfinden. Doch das Empfinden der Verstandesmenschen kommt ebenfalls vom Verstand. Es ist rationalisiert und wenig intuitiv.

Die heutige Astrologie ist das Ergebnis einer ungeheuren Fülle an Daten, die bereits seit einigen Jahrhunderten gut gesammelt und bewahrt werden. Mit dieser Masse an Daten kann kein anderer Zweig der Esoterik Schritt halten. Gerade die Masse der Daten erfordert die Verstandesarbeit und behindert schließlich die Intuition.

Die Intuition kann auf der Grundlage weniger Daten zu guten Ergebnissen kommen. Das kann der Verstand nicht. Für mich als intuitiven Menschen sind kurze Berichte zu den verschiedenen Planeten und Zahlen ausreichend und sogar besser, um dann auf dieser Basis intuitiv Vergleiche zu ziehen und Ergebnisse zu bekommen.

Ich halte es in diesem Sinne für ratsam, nicht jedem Astrologen zu glauben und gut darauf zu achten, wie intuitiv oder wie mechanistisch jemand mit dem astrologischen Wissen umgeht. Es gibt gewiß gute Astrologen. Man muß sie nur finden. Die Anwendung der Astrologie sollte vielleicht ähnlich wie ich es hier mit Numerologie und Tarot getan habe, möglichst weit bis ins Mittelalter zurückverfolgt werden, um an die Qellen zu gehen, die uns noch zugänglich sind.
Nachdem heutzutage Wissen aus aller Welt verfügbar wird, wäre es vielleicht interessant, einmal die astrologischen Aussagen der alten Inder, Chinesen und Araber mit den unsrigen zu vergleichen. Auf diesem Wege könnten wir gewiß eine neue Astrologie erstellen, die höchsten Ansprüchen gerecht wird.
Die Frage ist berechtigt, ob z.B. Pluto in einem Horoskop überhaupt eine Rolle spielt. Er ist viel kleiner als unser Mond und es gibt Asteroiden, die fast genauso groß sind. Also müßten wir eigentlich die Bahnen dieser verirrten kleinen Himmelskörper in die astrologischen Berechnungen einbeziehen. Ebenso müßte der ganze Asteroidengürtel mit einbezogen werden. Das sind zwei Beispiele für Ungereimtheiten in der modernen Astrologie, über die gar nicht gesprochen wird.
Zum Beispiel beim Sternzeichen Stier müssen wir fragen: Woher kommt die Zuordnung von "materiellen Werten"? Paßt materieller Reichtum zum Stier-Zeichen? Dieses Zeichen spielte vor allem in der altpersischen Epoche und in Zypern und Kreta eine Rolle. Damals waren die heiligen Stiere Symbole der Götter, deren Energie und Botschaft das Leben hier auf Erden ermöglichten. Es war also das Zeichen der Tempel und der Priester-Könige. Weltlich war

es nur, in dem die Macht der Götter Wohlstand auf Erden sicherte. Natürlich dürfen wir nicht übersehen, daß die Tempel der Stierkulte selbst über auserlesene Herden an Rindern verfügten, ebenso wie die Fürsten, und somit in dieser Epoche Religion, Stierbesitz und Reichtum fast ein und dasselbe waren.
Das Beispiel zeigt, wie intensiv wir uns mit einem einzigen Symbol befassen müssen, um die geheimen inneren Bezüge herauszuarbeiten. Je mehr wir aus verschiedenen Fachgebieten wissen, desto mehr innere Zusammenhänge werden sichtbar. Anfängliche, scheinbare Widersprüche können sich bei näherer Betrachtung auflösen.
Generell kann man sagen, daß jeder Adept seine eigenen Versuche angestellt hat, um verschiedene ideologische, astrologische und numerologische Systeme miteinander zu vergleichen und unter einen Hut zu bringen. Da die verschiedenen Systeme in der Regel aus ganz verschiedenen Kulturepochen stammen und z.T. von verschiedenen Kontinenten, braucht es nicht zu wundern, daß es Verständigungsschwierigkeiten gibt. Die verschiedenen Kulturkreise hatten eine unterschiedliche Auffassung von der Natur, den Sternen und von ihren Auswirkungen auf unser Leben. Ebenso waren die Werte und erstrebenswerten Ziele in jeder Gesellschaft anders gelagert.

Wenn wir uns mit der Astrologie befassen, dann fällt natürlich ins Auge, daß es 12 Sternzeichen gibt und 10 Planeten. Das macht zusammen 22. So ein Zufall aber auch! Wenn wir das entdeckt haben, brauchen wir nur noch die Planeten und die Tierkreiszeichen den großen Arcanas zuordnen, und schon bekommen wir ein weiteres, interessantes Muster. Ganz offensichtlich gibt es also innige

Querverbindungen zwischen allen hier behandelten Fachbereichen der Esoterik. Der Erste, der diese Zuordnung vorgenommen hat, war meines Wissens Crowley. Ob seine Zuordnung richtig ist? Können wir uns dem anschließen? Werfen wir einmal einen Blick auf Crowleys Ordnung. Crowley hielt es für richtig, bei dieser Zuordnung die Planeten Uranus, Neptun und Pluto wegzulassen, warum auch immer. Statt dessen ordnete er die natürlichen Elemente Feuer, Wasser und Luft mit ein, ließ dabei jedoch die Erde weg, denn sonst wäre die Rechnung nicht aufgegangen. Der Sinn dieser Einteilung ist mir nicht ersichtlich. Nehmen wir es als Hinweis, daß die Meister ihre eigene Ordnung haben. Näheres findet sich in seinem "Buch Toth".

Nr.	Name	Symbol	Bedeutung	Crowleys Zeichen	Neue Ordnung
0	Der Narr	ת	Unbewußtheit, Naivität, das kosmische Kind	Luft	♑ Steinbock
1	Der Magier	א	Bewußtsein, Wille, Suchen, Ergründen, Wissenschaft	☿ Merkur	♈ Widder
2	Die Hohepriesterin	ב	Unterbewußtsein Intuition, geheimes Wissen	☽ Mond	♍ Jungfrau
3	Die Kaiserin	ג	Aktivität, Initiative, Erfolg, Einfühlungsvermögen	♀ Venus	♀ Venus
4	Der Kaiser	ד	Macht, Kraft, Wille, Stabilität, Stolz	♈ Widder	♉ Stier

5	Der Hohepriester	ה	Inspiration, Weisheit, Belehrung, Aufklärung	♉ Stier	☿ Merkur
6	Die Liebenden	ו	Vor Entscheidungen, Liebe, Inspiration	♊ Zwillinge	♎ Waage
7	Der Wagen	ז	Triumpf, Sicherheit durch Vorsehung, höherer Schutz	♋ Krebs	♃ Jupiter
8	Gerechtigkeit	ח	Ausgleich, Gerechtigkeit, Gericht, Entscheidung	♎ Waage	♄ Saturn
9	Der Eremit	ט	Weisheit, Erkenntnis, Suche nach Erleuchtung, Klarheit	♍ Jungfrau	♆ Neptun
10	Das Rad des Lebens	י	Wandlung, Wechsel auf eine höhere Ebene, Schicksal	♃ Jupiter	♅ Uranus
11	Magische Kraft	כ	Einsatz geistiger Kräfte, Courage, Durchsetzungsfähigkeit	♌ Löwe	♌ Löwe
12	Das Opfer, der Gehängte	ל	Opfer überholter Dinge/Ideen, Prüfung, Verluste	▽ Wasser	♓ Fische
13	Der Tod	מ	Umwandlung, Veränderung, Tod, Neubegin	♏ Skorpion	♇ Pluto
14	Ausgleich	נ	Mäßigkeit, Schaffung der Harmonie, Abwarten	♐ Schütze	♐ Schütze

15	Der Teufel	ס	Meisterung der materiellen Welt, Sex, Verstrickung	♑ Steinbock	♏ Skorpion
16	Der Turm	ע	Zerstörung alter Prinzipien, Ent-Täuschung	♂ Mars	♂ Mars
17	Die Sterne	פ	Geistiger Wohlstand, Eingebung, Glück, Hilfe	♒ Wassermann	♊ Zwillinge
18	Der Mond	צ	Verborgene Einflüsse, das Unbewußte, Unsicherheit	♓ Fische	☽ Mond
19	Die Sonne	ק	Triumpf, Freude, irdischer Wohlstand, Glück	☉ Sonne	☉ Sonne
20	Das jüngste Gericht	ר	Tiefgreifende Veränderung, Neubeginn, Karma	Feuer	♋ Krebs
21	Das Universum	ש	Die Synthese, Ende der Epoche, das Endprodukt	♄ Saturn	♒ Wassermann
22	Der Narr	ת	Unerwartete neue Impulse, Gleichmut aus höherer Einsicht	Luft	♑ Steinbock

Wenn Sie erfahren möchten, warum ich die Sternzeichen und Planeten in dieser Weise neu geordnet habe, vergleichen Sie bitte die Bedeutung der Sternenzeichen im Kapitel Astrologie. Die Reihenfolge der Numerologie läßt sich dabei nur teilweise aufrecht erhalten, doch das Gesamtbild der 10 Planeten + 12 Sternzeichen ist überzeugend. Experimentieren Sie weiter!

Legemuster für das Studium der Tarot-Karten

Um den Tarot besser kennen zu lernen, ist es sinnvoll, daß Sie die großen Karten nach verschiedenen Mustern legen und dabei ihre Beziehung zueinander studieren. Es gibt auch hier innere Gesetzmäßigkeiten, die nicht sofort auffallen.
Es gibt eine zyklische Entwicklung, d.h. bestimmte Kräfte oder Zustände treten auf verschiedenen Ebenen mehrfach in Erscheinung. Das ist ja eben die Ent-wicklung in unserem Leben!

Muster 1: 2 Reihen

0	1	2	3	4	5	6	7	8	9	10	11
12	13	14	15	16	17	18	19	20	21	22	

Frage: Was haben Narr (0) und der Gehängte (das Opfer, 12) gemeinsam?
Antwort: Der Narr muß sich von seinem naiven, unwissenden Leben trennen und sich entscheiden, bewußt sein Leben zu regeln (als Magier, 1). Es ist eine tiefgreifende Veränderung vom unbewußten Dasein ins bewußte Leben. Der Gehängte muß sich von überholten Vorstellungen und Angewohnheiten trennen, sonst kommt er nicht weiter. Schafft er es, kommen ebenfalls tiefgreifende Veränderungen. Machen Sie sich Ihre eigenen Gedanken!

Führen Sie die Vergleiche selbst weiter. Das ist die beste Art, den Tarot zu studieren und zu erlernen. Hier ein paar Stichworte zu jedem Paar, um Ihnen den Einstieg in diese Denkweise zu verdeutlichen:

Frage: Was hat der Magier (1) mit dem Tod (13) gemeinsam? Wo sind die Unterschiede?
Antwort: Jedes Mal sind es einschneidende Veränderungen im Leben eines Menschen. Der Magier entscheidet sich freiwillig, eine spirituelle Entwicklung zu beginnen. Der Tod ist nicht zu vermeiden. Hier wird durch die Umstände in der vorangegangenen Entwicklung entschieden.

<u>Kommen wir zu den anderen Paaren:</u>

2 Die Hohepriesterin -
14 Der Ausgleich (die Geduld)
Die Hohepriesterin ergründet die Geheimnisse ihrer Seele, des Unterbewußtsein.
Der Ausgleich findet in der Seele statt, auf Grund der Erfahrungen und Taten der vergangenen Karten von 3 - 13.

3 Die Kaiserin - 15 Der Teufel

Die Kaiserin muß die Initiative ergreifen, sie muß handeln, um auf ihrem Weg voranzukommen. Es ist der Beginn der bewußten Aktivitäten.
Der Teufel ist das Ergebnis. Jetzt bist Du vollkommen in die weltlichen Aktivitäten verstrickt und zwar auf Grund Deiner Taten von 4 - 14, und mußt sehen, wie Du wieder herauskommst.

4 Der Kaiser - 16 Der Turm

Der Kaiser muß einen festen Willen haben und Entscheidungen treffen. Auf Grund seiner Entscheidungen kommen viele Ereignisse. Nach den heftigen Erfahrungen unter 15 muß er sich von allen überholten und fehlerhaften, vor allem weltlichen Aktivitäten trennen, es folgt ein Zusammenbruch der bisherigen Welt.

5 Der Hohepriester - 17 Die Sterne.

Beim Hohepriester bekommen wir eine Belehrung, vermittelt durch den Priester.
Bei den Sternen können wir die Botschaft selbst empfangen.

6 Die Liebenden - 18 Der Mond

Zwei emotionale Karten. Bei den Liebenden müssen wir uns für den richtigen Weg entscheiden, also den Willen über die Gefühle stellen.
Beim Mond nutzt das nichts mehr. Hier müssen wir intuitiv fühlen, worauf es ankommt. Der Wille kann die Lösung nicht finden.

7 Der Wagen - 19 Die Sonne

Beim Wagen werden wir von der Vorsehung beschützt, alles ist in Ordnung, vor allem unsere innere Entwicklung läuft gut. Bei der Sonne ernten wir auf Erden den Erfolg für unsere Bemühungen.

8 Die Gerechtigkeit - 20 Das jüngste Gericht

Bei 8 werden wir auf Erden gerichtet für unsere Entscheidungen, um spirituell und später weltlich voranzukommen. Bei 20 werden wir auf einer höheren Ebene gerichtet für die Folgen unseres Leben, was wir mit dem spirituellen Bewußtsein an Taten begangen haben und was wir mit dem weltlichen Ruhm (19) angefangen haben.

9 Der Eremit - 21 Das Universum

Der Eremit sucht das Universum und die Wahrheit in sich und in der Welt.
Beim Universum hat er es gefunden. Die geistige Vereinigung findet statt, die Erleuchtung.

10 Das Rad - 22 Der Narr

Beim Rad dreht sich die Entwicklung von allein weiter. Man weiß nicht genau, wohin es gehen wird, auf Grund der ersten Entwicklungsphase von 1 - 9. Der erwachsene Narr weiß auch nicht, wie es weiter gehen soll. Er hat alles schon erlebt und muß sich entweder überraschen lassen, oder selbst entscheiden, wohin er gehen will.

11 Die Magische Kraft

Das ist die Kundalini, die uns in Bewegung hält, mal bewußt, mal unbewußt. Mal können wir sie nutzen, mal treibt sie uns voran.

Muster 2: 2 Reihen

Wir können die Doppelreihe auch anders anordnen:

0	1	2	3	4	5	6	7	8	9	10	11
	12	13	14	15	16	17	18	19	20	21	0

Frage: Wo sind z.B. die Gemeinsamkeiten oder Unterschiede zwischen Karte 1 und 12? Passen sie zusammen?
Antwort: Der Magier trennt sich freiwillig von überholten Zuständen, um vorwärts zu gehen in seiner Entwicklung. Der Gehängte wird eher gewaltsam von seinen überholten Zuständen getrennt, damit er weitergehen kann.

Frage: Wo sind die Gemeinsamkeiten oder Unterschiede zwischen 11 und 0 am Ende der Reihe?
Antwort: Bei 11 (Magische Kraft) verfügt der Mensch über diese Kräfte, die er sich im ersten Zyklus erworben hat. Diese Kräfte sind ihm auch noch wichtig. Er wird sie vielleicht bewußt einsetzen, um seine Ziele zu erreichen.
Als Narr am Ende der Reihe, der alles durchlaufen hat, verfügt er natürlich auch über diese Kräfte, sogar über noch mehr, denn jetzt ist seine Ausbildung abgeschlossen, aber es ist ihm gar nicht mehr so wichtig.
Er wird sie bestenfalls intuitiv zur Wirkung kommen lassen, also ohne der Versuchung der Karte (11) zu erliegen.

Führen Sie nun Ihre eigenen Arbeit fort, in dem Sie sich an meinen Bemerkungen zu Muster 1 orientieren. Doch geben Sie acht!
Es gibt zu diesen 22 Karten noch viel mehr zu sagen.

Muster 3: 3 Reihen

Wenn wir die Tarotkarten numerologisch anordnen, bekommen wir eine sehr interessante Kombination. Das Tarot-Spiel sieht dann so aus:

0	1	2	3	4	5	6	7	8	9
	10	11	12	13	14	15	16	17	18
	19	20	21	22					

Frage: Was haben zum Beispiel die Karten mit der Quersumme 2 gemeinsam? Nr. 2 - 11 - 20
Antwort: In Nr. 2 (Hohepriesterin) geht es um die Erforschung des Unterbewußtseins. In Karte 11 (Magische Kraft) setzt jemand die Kräfte seines Unterbewußtseins bewußt ein. In Karte 20 (das jüngste Gericht) wird er gerichtet auf Grund dessen, was er getan hat und er muß sich von der bewußten und willentlichen Nutzung dieser magischen Kräfte lossagen.

Frage: Wo sind die Zusammenhänge von den 3 Karten
3 - 12 - 21?
Antwort: In Karte 3 (Kaiserin) muß jemand aktiv werden und Entscheidungen treffen. In Karte 12 werden die Entscheidungen von außen über ihn getroffen, über ihn kommen. In Karte 21 ist er eins mit dem Universum, hat sich von diesem willentlichen Tun und seinen Aktivitäten losgelöst und genießt die freie Energie.
Numerologisch betrachtet: In der 3 ist es der echte Jupitereinfluß, in der 12 sind es die Folgen, die über ihn kommen, in der 21 hat er die göttlichen Kräfte begriffen und ist eins mit ihnen.

Muster 4: 3 Reihen

Eine weitere, sehr aufschlußreiche Varianter bekommen wir mit dem folgenden Muster. Wir haben erwähnt, daß **7** die Zahl des Menschen ist. Unser Leben weist 7-Jahres-Rhythmen auf. Folglich sollten wir einmal nachsehen, was bei einer derartigen Anordnung der Karten für Zusammenhänge sichtbar werden. Gibt es da einen inneren Rhythmus wie in unserem Leben?

0	1	2	3	4	5	6	7	
	8	9	10	11	12	13	14	
	15	16	17	18	19	20	21	22

Frage: Wo sind die Gemeinsamkeiten vom 1., 8. und 15. Jahr?

Antwort: Im 1. Jahr entscheidet der Magier, was er werden will, z.B. daß er den spirituellen Weg betreten will. Im 8. Jahr erfolgt das "Gericht", eine Prüfung über seine Fortschritte. Bei Karte 15 steckt er mitten in der weltlichen Nutzung seiner Entscheidungen.

Muster 5: Nach dem Schema der Zahlenmagie

Die Zahlenmagie wurde am Ende der Numerologie erläutert. Alle Zahlen von 1, 4, 7 oder mit der entsprechenden Quersumme werden dem Körper zugeordnet, das ist die 1. Spalte, die materielle Welt.

Alle Zahlen von 2, 5, 8 oder mit diesen Quersummen werden dem Gefühl zugeordnet. Das ist die 2. Spalte, die seelische Welt.

Alle Zahlen von 3, 6 ,9 oder mit diesen Quersummen werden dem Geist zugeordnet. Das ist die 3. Spalte, die geistige Welt. Diese Variante beschert uns neue interessante Einsichten.

1 K	innerer Zahlenwert	2 S	innerer Zahlenwert	3 G	innerer Zahlenwert
1	**1**	2	**3**	3	**6**
4	**1**	5	**6**	6	**3**
7	**1**	8	**9**	9	**9**
10	**1**	11	**3**	12	**6**
13	**1**	14	**6**	15	**3**
16	**9**	17	**9**	18	**9**
19	**9**	20	**2**	21	**5**
22	**9**				

Stimmen die Aussagen der Zahlenmagie, wenn wir die Tabelle betrachten, mit dem Inhalt der Tarot-Karten überein?

Und wie passen Sie mit den Aussagen der Numerologie zusammen, wenn wir die inneren Werte der Karten berechnen?
Als erstes fällt einmal auf, daß es eine unglaubliche innere Übereinstimmung mit den inneren Zahlenwerten gibt! Die Körper-Karten 1, 4, 7, 10 und 13 werden alle von der Sonne regiert und beschützt. Wir haben also die innere, göttliche Führung. Die Indianer sagen übrigends, daß "Dein Körper am besten weiß, was richtig ist", es ist nur der Verstand, der uns auf Irrwege führt. Der Köper ist das wahrhaftig intelligente Wesen. Es gilt, diese instinktiven Kräfte zu befreien.

Bei 16, 19 und 22 haben wir den Marseinfluß: Bei 16 leiden wir darunter, bei 19 werden wir belohnt und bei 22 interessiert es uns nicht mehr!

Setzen wir die emotionalen Seelen-Karten (laut Zahlenmagie) 2, 5, 8, 11, 14, 17 und 20 mit ihren inneren Werten aus der Zahlenmagie in Verbindung:
Bei der 2 geht es insgeheim um die Macht, die dann bei der 11 in Erscheinung tritt.
Bei der 5 geschieht Belehrung aus Liebe, und bei der 14 trägt sie Früchte.
Bei der 8 wird mit Strenge gerichtet, und bei der 17 ernten wir wieder die Früchte.
Bei der 20 ist endlich die Übereinstimmung der Emotionen zwischen innen und außen erreicht.

Betrachten wir nun die Geistkarten 3, 6, 9, 12, 15, 18 und 21.
Bei der 3 muß mit Liebe entschieden werden, und bei der 12 bekommen wir die Quittung, ob es mit Liebe geschah oder nicht. Wenn nicht, wird es ein schmerzhaftes Opfer.

Dagegen geht es bei der 6 innerlich doch wieder um die Macht, und bei der 15 um die Auswirkungen davon.
Die 9 ist endlich einmal in sich stabil, ebenso wie die 1, die 10 und die 20. Hier geht es innen und außen um Arbeit und Stabilität. Die 9 ist pragmatisch. Bei der 18 wirkt hinter den äußeren Emotionen wieder die materielle Welt, der Mars.

Bei der 21 kehrt der bewußte Mensch endlich zur Komunikation mit Gott, mit dem Universum zurück, Merkur kehrt zu seinem Vater zurück, der ihn in die Welt hinausgeschickt hatte, um die Welt von den göttlichen Botschaften zu unterrichten.

Betrachten wir nun die Spalten **1 K, 2 S** und **3 G** mit den **Körperwerten, Seelenwerten** und **Geistwerten.** In Klammern stehen jeweils die Nummern der Tarotkarten. Am Besten, Sie legen Ihr Spiel nach diesem Muster auf den Tisch. Dann ist es leichter zu verstehen.

Spalte 1: (1) Der Magier handelt erst einmal in der Außenwelt, (4) er muß Entscheidungen durchführen, handeln, (7) er handelt im Einklang mit der geistigen Welt, (10) seine Welt verändert sich auf Grund seiner vorangegangen Taten, (13) er erfährt eine tiefe Veränderung, (16) die falschen Teile seiner Taten werden beseitigt, (19) er genießt die positiven Folgen seiner Taten, (22) er hat alles und braucht nichts mehr.

Spalte 2: (2) Er erforscht seine Seele, sein Unterbewußtsein, (5) er bekommt Botschaften von innen und außen, (8) er unterliegt einer seelischen Prüfung, (11) er nutzt die Kräfte seiner Seele bewußt, (14) es erfolgt ein innerer Ausgleich, (17) er erhält kosmische Gaben, wesentlich in seiner Seele, (20) seine Seele unterliegt einer Prüfung und Wiedergeburt.

Spalte 3: (3) Er muß die Initiative ergreifen, (6) er muß sich entscheiden, (9) er prüft seine Erfahrungen und Ergebnisse, (12) er muß seine Fehler loslassen, (15) er muß seine Fähigkeiten in der Welt anwenden, (18) er muß sich mit seinen verborgenen Seiten auseinander setzen, (21) er ist endlich geistig eins mit allem!

Wenn Sie auf diese Weise die Zusammenhänge und die Unterschiede der verschiedenen Karten untersuchen, dann werden Sie sehr schnell Fortschritte machen in der Nutzung des Tarot. Auf diese Weise wird der Tarot wirklich zum "Buch Thoth" wie Crowley ihn nannte. In der ägyptischen Mythologie ist Thoth der Gott der Weisheit, der das universale Wissen auf die Erde und zu den Menschen brachte. Er wird mit einem Ibiskopf dargestellt.
Wenn ein Priester Thoth channelte, stellten ihn die Zeichner ebenfalls mit einem Ibiskopf dar.

Channelbotschaft von Junow

Am 3.7.91 erhielt ich eine Channelbotschaft der Lichtwesenheit Junow zum Verständnis des Tarot. Bitte legen Sie sich die großen Arcanas in der richtigen Reihenfolge aufeinander, mit der 1 oben und dem Narren zu unterst. Dann können Sie Karte für Karte abdecken und mit diesen Aussagen hier in Verbindung bringen.

Hier ist Junow, ich grüße Dich! Sei frohen Mutes, alles steht wohl. Dein Weg ist vorgezeichnet im großen Buch des Lebens:

1. Es gibt einen großen Plan, der alles umfaßt. ICH ist der Funke Gottes in mir, der meine Aufgabe im Großen Plan definiert.

2. Ich achte die Eigenständigkeit aller Wesen. Sie sind ebenfalls Teile im großen Plan.

3. Führe den großen Plan aus. Erfülle die Aufgaben, die Dir das Leben stellt. Das ist Deine Bestimmung.

4. Die Macht der Entscheidung und die Kraft der Unterscheidung ist in Deine Hände gegeben. Erfülle den großen Plan.

5. Behalte Deinen bewußten Kontakt zum ewigen Licht. Belehre andere im Sinne der ewigen Erkenntnis.

6. Glück ist der Zustand der Erfüllung, den Du nur in Gott finden kannst. Irdisches Glück ist ein Abbild der Liebe in Gott. Liebe ist ein Abbild des Glücks auf der materiellen Ebene. Glaube an das Gute im Menschen und Du erkennst

den göttlichen Funken in ihrem Bewußtsein. Gott ist in der Liebe der Menschen gegenwärtig. Das macht sie so anziehend. Der Wunsch nach Vereinigung ist ein Ausdruck der Liebe Gottes. Vereinigung ist ein Teil des göttlichen Planes, so wie auch wir uns mit Dir vereinigt haben.

7. Der göttliche Plan birgt die Erfüllung für jedes Wesen, das er hervorgebracht hat. Folge Deinem Weg!

8. Unterwirf Dich den göttlichen Geboten. Sie reinigen Deine Seele und sie helfen Dir den großen Plan zu erfüllen.

9. Lerne den großen Plan zu verstehen. Erfülle Deinen Teil daran!

10. Lege die Vorstellungen ab. Dein Geist sei klar und rein!

11. Gott ist am höchsten im Licht der Erkenntnis!

12. Bringe ein Opfer dar: Es sei Gehorsam. Lebe von nun an im Einklang mit Gott.

13. Der Schleier bricht, das Licht beginnt zu leuchten.

14. Harmonie ist die Erfüllung in der materiellen Welt. Du brauchst den Gleichklang zwischen Gott und seinen Emanationen.

15. Forme Dein irdisches Reich. Sei unverzagt! Gottes Wille kommt in Deinem Werk zum Ausdruck. Er will Deinen Erfolg!

16. Bringe Dein Werk zum Opfer dar, durchgeistige es. Dein Opfer wird jetzt angenommen. Deine Mühen waren nicht vergeblich. Gib Dich dem großen Werk hin!

17. Sterne der ewigen Erkenntnis erstrahlen an Deinem Horizont. Siehe das Licht!

18. Gnade jenen, die den Schatten lieben lernen! Dunkelheit ist die große Mutter der ewigen Vollkommenheit. Licht ist ein Kind aus ihrem Schoß.

19. Die Sonne geht auf! Vereinige Dich in Liebe mit Dir selbst. Nimm jene an, die Dich lieben! Gewähre ihnen Schutz in der Finsternis, die sie noch umgibt. Ihre Zeit kommt bald, so wie Deine gerade jetzt erschienen ist.

20. Güte ist das Prinzip des ewigen Lebens. Gott erfüllt jeden Keim. Leben ist Ausdruck seiner Liebe hier auf Erden. Er ist der Ursprung allen Seins.

21. Dein Weg ist frei! Gehe ihn mit Macht! Er führt Dich sicher zum Licht! Seine Gnade erleuchtet Dein Haupt. Gut zu wissen woher Du kommst und wohin Du gehst. Ich bin die ewige Liebe in allen Wesen.

22. Wir alle sind eins in Gott. Mache das Beste daraus. Sei ohne Furcht. Bezähme den Eigenwillen und erfülle den großen Plan. Das Gericht erwartet Dich.

23. As der Stäbe: Erfülle diesen Plan mit Leben und alles ist gut.

Einführung in die Symbolik

Das Universale Gesetz

1. Alles ist in Allem enthalten.
2. Alles spiegelt sich in Allem.
3. Alles ist geschaffen aus dem Licht.

Ein Aspekt des Geheimwissens, der bereits in verschiedenen anderen Kapiteln anklang, ist die Symbolik, d.h. die Analyse von Bildern, Zeichen, Farben usw. Sinn dieses Kapitels ist es nicht, unzählige Symbole aufzulisten, sondern Gedanken zu vermitteln, wir wir die grundlegenden Symbole selbst analysieren können.

Man kann die Symbolik als Teil der Magie verstehen. Wegen dem Umfang des Themas verdient es aber ein eigenes Kapitel. Wir können damit sowohl analytisch arbeiten, als auch Symbole anwenden, um irgendwelche Ziele zu erreichen, z.B. unseren Geist zu schulen, zu disziplinieren und ihn auf seinem Weg zu den Sternen zu unterstützen.

Wenn wir im Folgenden einige Symbole betrachten, wollen wir nicht vergessen, daß die gegebenen Erklärungen nicht die einzigen sein müssen. Diese Erklärungen sind in einem größeren Kontex richtig. Stellt man sie in einen anderen Zusammenhang, dann kann sich die Bedeutung verschieben.

Die verschiedenen Erscheinungen, Sprachen, Schriften etc. existieren, um die Vielfalt der Ausdrucksformen der Natur darzustellen. So viele Menschen es gibt, braucht es Wege der Einweihung. Doch all die verschiedenen Systeme führen letzlich zum gleichen Ziel. Zur Erkenntnis des göttlichen Prinzips, in dem wir alle unseren Ursprung und unser Ziel haben.

Die alten Völker hatte Bilderschriften.
Es wurden also Symbole benutzt. Das Tau 
ist ein uraltes Zeichen des Menschen, es findet sich zum Beispiel im Begriff des (2) TAO (chin. das unveränderliche Sein). Es ist ein Symbol für den irdischen Menschen.

Mache ich daraus ein T und stelle ich es in ein V, heißt das, ich vereinige das T mit dem V. 

V steht nicht zufällig für Vagina, das V drückt auch einen Becher, ein Hohlorgan aus.

Zerlege ich es jetzt anders, so wird daraus ▽ und I.

Das Dreieck mit der Spitze nach unten ist ein Symbol für die Frau, es beschreibt das Schamdreieck. Bei Männern wachsen die Haare höher über den Bauch hinauf und haben keinen so glatten Abschluß wie bei den Frauen. ◇

Nicht der Mann war der Ursprung, sondern die Frau ▽.

Aus ihr entsprang der Mann. Das I ist ein männliches Zeichen. Es steht für Phallus, ebenso wie das Dreieck mit der Spitze nach oben. △
Und gleich dem Symbol für das sich aufrichtende Glied ist es auch ein Symbol für "Zelt", es gewährt Schutz, so wie der körperlich stärkere Mann der Frau und Familie Schutz gewähren soll. Mithin sind die Pyramiden räumliche

Symbole für die aufstrebende Kraft des Mannes. Sie stammen aus einem Patriarchat.

Vereinige ich jetzt beide Symbole, so erhalte ich den Judenstern, ein Symbol der Vereinigung der beiden Grundprinzipien der menschlichen Natur, Mann und Frau. Hieran erkennen wir gleich wieder, daß die Ideologie des jüdischen Volkes aus einer Kultur stammt, wo diese Ansicht wichtig war, d.h. ein relativ weltlicher Standpunkt, denn diese Art der Symbole bezieht sich ja auf die Geschlechtsmerkmale.

Der 6-eckige Stern ist zugleich das Mandala im Zentrum des 4. Chakras, des Anahata-Chakras, das unsere Gefühle und die Bewegung des Geschlechtsorgans steuert.
Die Erklärung dafür ist schnell gefunden: Stammvater Abraham war Babylonier aus Ur, und bei allen chaldäischen Völkern stand im Zentrum des religiösen Kultes der sexuelle Tempelkult, die Anbetung der Astarte bzw. Istar.
Zerlegen wir gleich den Namen Istar: I - Star: der Stern der Männer! Ihr war der Planet Venus zugeordnet, genau wie bei anderen Völkern.

In verfeinerter Form finden wir diese Symbole woanders und so kommen wir zu einer Darstellung des Bechers:

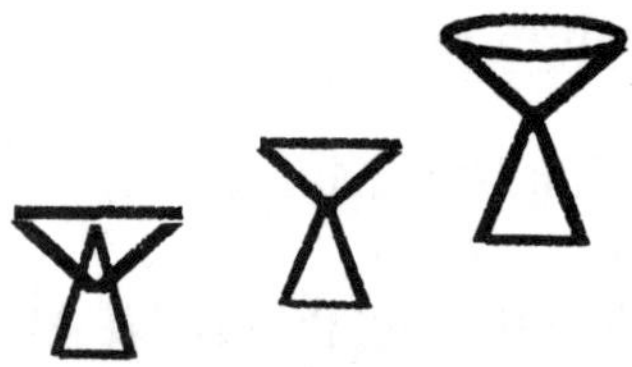

Der heiligen Gral, das Zeichen des vollkommenen Menschen. Dieses Zeichen war Ausdruck des Lebenszieles der Katharer im Mittelalter in Südfrankreich. Die Katharer predigten die reine, selbstlose Liebe. Daraus entstand die Kultur der Minnesänger. Diese wiederum besangen nicht nur die "reine Minne" sondern genossen auch die irdische Lust.

Heute wird von Yogi Bhajan Weißer Tantra gelehrt, die Berührung und Einheit des Geistes von Mann und Frau! Schau auf diese Zeichen:

Das bist du und dein(e) Partner(in), im Tantra vereint aber ohne Sex. Das ist der Gral, die spirituelle, vollkommene Liebe.

Das kleine **i** ist die Achse des hebräischen Alphabethes. Wenn ich das **i** hinlege, sieht es aus wie das Symbol einer Mumie aus dem alten Ägypten. Ebenso könnte es das Symbol eines Penis mit einem Samentropfen sein. In der hebräischen Schrift steht das Iod י = **i** als Symbol für das unaussprechliche kleine Anhängsel des Gottes Osiris. Osiris wurde von seinem Sohn Seth getötet und zerstückelt. Seth verstreute die Einzelteile seines Vaters in ganz Ägypten, um zu verhindern, daß die Mutter Isis ihn noch einmal zusammensetzt und wiederbelebt. Isis fand nach seiner Ermordung alle Teile, nur nicht sein Geschlechtsteil. Das fand sie erst später. Damit kommen wir der Wahrheit hier vielleicht näher, als angenommen.

Im hebräischen alephbeth dreht sich alles um das kleine zentrale iod in der Mitte. Z.B. der Buchstabe aleph besteht ursprünglich aus 4 iod. Dieses "alephbeth" natürlich von Männern erfunden wurde, kann es als gesichert angesehen werden, daß sich bei denen alles um ihr keines Anhängsel drehte. Weiter vorn hatte ich bereits darauf hingewiesen, daß der Ursprung des Judentums in Babylon zu suchen ist. Der "Urvater Abraham" war ein abgefallener Priester aus Babylon.

Das spätere magische Wissen und die Schrift erhielten die Juden über Moses, einen nicht anerkannten ägyptischen Königssohn und Priester, der die Juden zu "seinem Volk" auserkoren hat, um sein eigenes Reich zu begründen. Kein Wunder, daß damit die alten ägyptischen Auffassungen in der Lehre der jüdischen Eingeweihten wieder erscheinen. In ähnlicher Weise haben wir hier in Europa die Grundlagen unseres Wissens von den Arabern, Juden, Römern und Griechen übernommen.

Das Zeitalter der Fische, daß jetzt zu Ende gegangen ist, zog die beiden Zeichen, das männliche und das weibliche Dreieck, weit auseinander. Wir bekommen das Symbol des toten Fisches. **<I-I-I-I-I>** Jede Gräte ist eine Inkarnation. Hier schnitt der Tod mit seiner Sense ein Leben ab und ein neues begann. Das beherrschende, vorwärts strebende Elementin dieser Epoche war der Mann. Jesus war der Mann, mit dem diese Epoche begann. In seiner Entwicklung wurde aus Jesus der Christus. Sein Name lautet abgekürzt I.CH. Das ist die griech. Abkürzung für Ichtyos = der Fisch. Außerdem das griechische Alpha, ein altes Symbol für Fisch: α.

Es bedeutet Anfang: Jesus Christus war der Anfang dieses Fische-Zeitalters. Es war der Anfang der heutigen, tiefen Ausprägung des Egos. Nie zuvor war sich der einzelne Mensch so klar seiner selbst bewußt, bewußt bis zur völligen Einsamkeit, durch die Entfremdung in unserer Gesellschaft, die den Menschen auf sich selbst reduziert und darüber hinaus.

Alle unseren großen Sprachen wurden von Eingeweihten geschaffen und strukturiert. Weise Männer, die verborgenen Magier konstruierten durch ihren Einfluß die Schriften und Sprachen. Ja, Magie und Geheimwissen reichen viel tiefer in den Alltag hinein, als jeder heute ahnt. So finden wir für das Wort "ich" im englischen I für Ego (gesprochen: igo), im deutschen I.Ch. für Ichtyos (Fisch) und im franz. Je für Jesus (gesprochen jésüs) Der Bezug dieser großen Sprachen und Völker der Neuzeit ist auf das Christentum fixiert.

Kabbalistische Auswertung:

I	das Ego
CH	Synonym K (siehe Buchstabenwert/kabbalistisch) K ist ein strömendes Prinzip
T	der irdische Mensch in der materiellen Welt, Thau
Y	der androgyne Mensch, zwei Geister (Gehirnhälften) ein Körper
O	das Ei aus dem alles kam, Nukleus des Universums
S	die Kundalini, die Lebenskraft, die wir im Yoga voll entfalten wollen.

Der Begriff Ichtyos für Fisch und als Synonym für Jesus und seine Lehre, drückt also aus, daß das Ego in den irdischen Menschen strömte, dieser sich seiner zwei Gehirnhälften bewußt wurde, so eine Eierschale, einen Entwicklungszyklus hinter sich ließ und seine Energie, die Kundalini fand.

Anders formuliert: Der Mensch wird sich seines Ego und seiner Energie bewußt. Das war die Aufgabe des Fische-Zeitalters. Am Ende des Fischezeitalters war endlich die

Zeit dafür reif und der echte Kundalini Yoga wurde ab 1969 von Yogi Bhajan im Westen unterrichtet. Man könnte sagen, wie haben es gerade noch hinbekommen, diese Aufgabe zu erfüllen. Doch damit stehen wir erst am Anfang. Jetzt gilt es, daß wir uns diese unglaubliche Kraft der Kundalini bewußt machen und sie zu nutzen lernen. Bisher sind es immer nur sehr wenige, die das schaffen.

Der Fisch kann nur im
Wasser schwimmen!

Und so sieht es aus:

Das Kreuz, daß Jesus auf sich nahm ist nicht nur ein Zeichen für den Fisch, der nach Luft schnappt, sondern es ist das klassische Zeichen für den Durchbruch einer Kraft aus einer niederen Welt in eine höhere: Die Erhebung unseres Geistes auf eine neue Bewußtseinsebene. Es ist der Geist, der die Schranken der materiellen Welt durchbricht, der die Illusion, die MAYA durchschaut.
"Ich bin Alpha und Omega!" sagte Jesus, der Anfang und das Ende (im griechischen Alphabeth). Es begann mit dem Fischezeitalter und es wird im Omega enden **- Ω -**, zurück in den Mutterleib der Natur, aus dem alles kam, Omega, das offene Ei, der Ur-Nukleus. Interessanterweise entspricht das **Ω** symbolisch der Körperform vieler Viren (Bakteriophagen).

Aber ebenso steht das Kreuz für die Vereinigung: Der Phallus, der in die Vagina eindringt und neues Leben erzeugt.

Vom Wasser ~~ kommt das Zeichen M. Es steht ebenso für die Androgynität des Menschen, die ursprüngliche Zweigeschlechtlichkeit M. Wir finden das M im Menschen, Mensch ist abgeleitet von MANI, bzw. Mannus (Mann), dem Begründer unserer heutigen Kultur nach der indischen Überlieferung.

M Wasser, fruchtbar, weiblich
A Sonnenstrahl/Feuer, männlich, befruchtend
N aus der Vereinigung von A und V erwachsen Tod und Wiedergeburt - und durch diese Zweiteilung und Wiedervereinigung wurde erst die Entwicklung des Ego möglich.

I Ego

Aus dem zweigeschlechtlichen, androgynen Menschen wurden zwei eingeschlechtliche Menschen, und daraus erwuchs uns unser heutiges Bewußtsein, unser Selbst-Bewußtsein.

Und mit dem Wasser kommen wir zu Neptun, zu Aquarius, der Wassermann, Zeichen der neuen Ära. Es soll eine spirituelle Epoche werden, in der die geistigen Kräfte sich entfalten können und die stark materialistischen Kräften der Fisch-Ära zurücktreten. Die Astrologen streiten, wann das Wassermannzeitalter begann.
Benutzen wir die Numerologie:
1969 = 1 + 9 + 6 + 9 = 25 = 2 + 5 = 7 = Neptun!

Neptun war einer der zuletzt entdeckten Planeten, man schreibt ihm direkte okkulte Einflüsse zu. In der Mythologie war er der Bruder des Zeus, fast so mächtig wie dieser. Wir stehen am Anfang von Aquarius. An seinem Ende werden wir der Wassermann sein, dem Wasser entstiegen, zur Sonne gewendet, Gottes Bruder.
Wasser ist die Mondkraft auf Erden. Der Mond ist das Gegenstück zur Sonne, die Ergänzung. In ferner Zukunft werden sich Sonnen- und Mondkraft wieder vereinen. Es wird die Wiederherstellung des göttlichen, zweigeschlechtlichen Menschen sein, das androgyne Wesen, im Besitz göttlicher Macht und Erkenntnis. Der Fisch, der im Medium Wasser zu sehr den Mondkräften unterlag wird dem Wasser entsteigen.
Wenden wir uns einem anderen Symbol zu. Der Mensch aß vom Baum der Erkenntnis. Er muß den Apfel nur noch verdauen. Eva bot Adam ihre "Äpfelchen" an, und er "erkannte sie", und sie ward schwanger. Der Vermittler bei dieser Geschichte war die Schlange, die Kundalini! Sie führte Eva zum "Baum der Erkenntnis".
Das klingt doch sehr nach Tantra! Die beiden hatten ihren Spaß miteinander und kamen zu einer höheren Erkenntnis. Offensichtlich war es Eva, die den Anstoß gab. In der Bibel wird vom Baum er Erkenntnis und vom Baum des Lebens gesprochen. An jedem hängt ein Apfel. Sie bekamen nur den der Erkenntnis, nicht den des Lebens, weil der böse Gott und sein Söldner, dieser Erzengel, sie aus dem Paradies beförderten.
Gemeint ist hier erst einmal das Erwachen des Ego. Als nächsten nehmen die beiden wahr, daß Sex zur Erkenntnis führt, einen großen Energieschub freisetzen kann und sie erkannten wohl auch, daß sie ein Kind zeugten. Ihr

Verhalten unterschied sich also von der instinktiven Paarung der Tiere, die kein Ego haben.
Das ist doch der gleiche Baum, unter dem Buddha saß, als er seine Eingebung hatte, der Bodhibaum. Im Indischen heißt Bodhi "Erwachen, Erkenntnis", und buddhi bedeutet Intelligenz. Im Englischen bedeutet Body Körper. Könnte es da wiederum Zusammenhänge geben? Der Bodhibaum ist also der Baum des erweckten Menschen, die Erweckung erfolgt im Körper, der Geist wird sich des Köpers bewußt und umgekehrt. Der Bodhibaum hat also etwas mit der Erkenntnis zu tun. Im hebräischen wird ja gleich vom Baum der Erkenntnis gesprochen.
Dann ist da noch Newton. Ihm fiel ein Apfel auf den Kopf und er bekam die Erkenntnis von der Schwerkraft.
Gemeint ist in all diesen Beispielen offensichtlich unser "Nervenbaum", unser Rückenmark ist der Stamm, unser Nervenstränge die Zweige, unser Hirn die Krone und die Epiphyse ist der Apfel der Erkenntnis; war es nichts mit den Äpfelchen der Eva? Wer weiß?
Die Epiphyse, die höher gelegene Hirnanhangsdrüse, ist das Organ von unserem 3. Auge. Sie produziert Hormone und sie ist der Sitz unserer sogenannten parapsychischen (PSI) Fähigkeiten. Erst durch die Benutzung des 3. Auges gewinnen wir wirklich geistige Einsichten und Erkenntnisse.
Der zweite Apfel vom Baum des Lebens ist die Hypophyse, die niedriger gelegene Hirnanhangsdrüse. Sie steuert den gesamten Hormonhaushalt und damit alle Lebensprozesse, unsere ganze Energieversorgung, die Körpertemperatur, den Blutdruck, die Ernährung, den Wasserhaushalt und die Sexualität. Wenn diese Drüse pefekt funktioniert, dann können wir ganz sicher wesentlich älter werden als

heute, fast unbegrenzt. Das ist auch der Grund, warum die erleuchteten Yogis mit Hilfe der Kundalini-Energie sehr alt werden und rüstig bleiben. Es wird eine Aufgabe für die Zukunft sein, dieses Organ und seine besondere Energie besser zu begreifen und zu nutzen.
Kommen wir zum Paradies. Dieses Wort kommt aus des Griechischen und heißt schlicht und einfach para (ähnlich) dies (= deos = Gott). Also war das Paradies kein Ort sondern ein gottähnlicher Zustand!

Was soll dieser Vortrag über Symbolik nun bedeuten? Warum reden wir darüber? Ich möchte Sie aufmerksam machen dafür, daß es in dieser Welt nicht nur die herrschende Schulweisheit gibt. Diese Welt ist voller Geheimnisse. Wenn wir uns einen analytischen Geist erziehen, wenn wir uns bemühen, nicht nur die Oberfläche der Dinge zu sehen, sondern tiefer eindringen, dann werden sich Schritt für Schritt die Geheimnisse der Welt und des Universums enthüllen. Wir schreiten voran auf unserem Weg einer bewußten Entwicklung zu einem geistvollen Wesen, daß die Möglichkeiten, die die Natur ihm gab, nicht brach liegen läßt, sondern nutzt.
Kundalini-Yoga ist eine effektive Methode, dem Wasser zu entsteigen, vom Fisch, der ein Übergewicht an Wasser brauchte um zu leben, der sich dem Wasser verbunden fühlt, aber es nicht mehr braucht. Kundalini-Yoga stärkt die Sonnenkräfte in uns.
Buchstaben, Worte, Laute, Farben sind modifizierte Formen des Pranas, die wir mit unseren Sinnen erfahren können. Darum ist es sehr wichtig, darauf zu achten, was wir sagen, tun, schreiben, was für Zeichen unsere Kleider, Sachen, Zimmer usw. tragen.

Z.B. sind T-shirts mit fremden Symbolen, z.B. von US-Universitäten oder von irgendwelchen Markenfirmen abzulehnen, ebenso wie alle anderen Symbole, die man nicht kennt. Wenn man nicht gerade eine deutliche und spontane Zuneigung zu einem Symbol empfindet, dann sollte man es nicht benutzen. Eine kritische, vorsichtige Haltung ist immer angebracht. Sie ist bereits ein Schritt vorwärts, zu einem selbstbewußteren Menschen, der der alltäglichen Verführung nicht mehr anheim fällt.

Achten Sie einmal auf die Wirkung der Symbole. Gehen Sie in ein Bekleidungsgeschäft und betrachten Sie die vielen Symbole, vor allem auf den Sweatshirts für junge Leute, jedes Symbol hat eine Wirkung. Die Symbole wecken Gefühle. Wollen Sie als Reklame für eine Tabakfirma herumlaufen? Nur ein Kamel geht meilenweit für eine Kippe (und nicht einmal das Kamel ist so dumm).

Bis heute haben alle militärischen Einheiten ihre eigenen Symbole. Es ist wie im Mittelalter und bei den Römern mit ihrer Standarte. Wenn sie einen PC haben und das Programm von Corel Draw, dann schauen Sie einmal in den Katalog mit den militärischen Zeichen und Fahnen. Wir sind noch nicht sehr weit weg von den Römern.

Diese Symbole sollen den Zusammenhalt der Truppe fördern, die "Heimat" des Söldners signalisieren, Ehrfurcht einflößen und Angst verbreiten. Bild: Emblem der US-Regierungs-Versorgungsbehörde.

Was hat der Adler über der Pyramide verloren? Werden die US - Regierungsgeschäfte von Freimaurer kontrolliert? Und wenn ja, wäre das etwas Schlimmes? Die Umstände sind so wie sie sind. Man braucht nur die Politik zu verfolgen. Es ist gut Bescheid zu wissen, aber man sollte nicht in Panik verfallen. Das bringt gar nichts. Nutzen Sie Ihre Energie lieber für die optimale Erfüllung Ihrer eigenen Aufgaben. Das bringt mehr, als die Angst vor unerwünschten Politischen Machhabern.

Ebenso wie Symbole gegen uns verwendet werden, sollten wir sie für uns verwenden auf unserem Weg zur Erkenntnis. Mancher mag all das als "Aberglaube" belächeln, doch er sei darauf hingewiesen, daß sich auch die derzeit Herrschenden bewußt dieser Symbolik bedienen:

Die Deutsche Bank gab 1970 für den Entwurf ihres magischen Symbols an einen Künstler 600.000,- DM aus. Er entwarf das Zeichen, daß heute jeder kennt, das Zeichen für Erfolg, für die steigende Bilanz. Danach ließen sich auch andere Großbanken solche Zeichen entwerfen, nur war das Stärkste schon vergeben. Heute hat jede große Firma ein derartiges Symbol als internationales Aushängeschild.

Unser Geist, unser Unterbewußtsein, reagiert sehr stark auf Symbole. Das ist ein Prozeß, der praktisch nie über den Verstand, sondern immer direkt in tiefere Schichten unserer Persönlichkeit geht. So können wir Symbole nutzen, um uns an etwas zu erinnern, der Knoten im Taschentuch. Das ist die Funktion des Souveniers.

Wir können sie benutzen, um uns in dieser Welt mit ihren unzähligen Reizen, die ständig auf uns einströmen, Fixpunkte zu schaffen, an denen sich unser strapazierter Geist festmachen und ausruhen kann. Symbole können uns daran erinnern, eine Aufgabe zu erfüllen, die wir uns vorgenommen haben.

Beispiel: Wir fertigen uns etwas von eigener Hand mit auserwählten Materialien an, was wir normalerweise nicht tun. Z.B. ein Mann näht ein Hemd für einen besonderen Anlaß und auch in Zukunft trägt er es nur bei besonderen Gelegenheiten. Zur Yoga-Schulung, zu intimen Feiern mit seiner Frau, zu Ereignissen, die mit der Entwicklung seines Geistes zu tun haben. Auch dann, wenn er das Hemd nur im Schrank sieht, wird er sich an die besonderen Ereignisse erinnern. Dieses Hemd wird für ihn zu einem Macht-Gegenstand. Es wird nur beladen mit positiver Energie, mit starken positiven Schwingungen. So wird es ihm Kraft geben, kaum daß er es angezogen hat.

Beispiel: Für eine Frau, die oft Kleidung näht, hätte diese Handlung nicht den gleichen Wert. Sie kann es natürlich auch tun, aber stärker wäre es, wenn sie ebenfalls etwas tut, was ihr nicht geläufig ist. Vielleicht schafft sie es, aus Kupferstreifen einen Armreifen für sich zu hämmern. Sie stellt einen für sich her und den anderen für ihren Mann. Es wird sie stärker verbinden als jedes Ehepapier oder jede Flasche Champagner die sie gemeinsam trinken werden.
An den Beispielen wird deutlich, daß Symbolik und Magie ineindander übergehen. Die Bedeutung der Symbole war nicht zu allen Zeiten und bei allen Völkern gleich, weil sie einerseits Ausdruck der jeweiligen Geistesströmungen sind und anderseits auf die unterschiedlich entwickelten Geister unterschiedliche Wirkungen ausüben.
Das wird bei den Farben deutlich. Man kann für die Farben keine allgemeinverbindlichen Tabellen erstellen. Im folgenden eine Tabelle, die für uns hier in Europa ihre Berechtigung hat:

weiß	Licht, Reinheit
rot	Feuer, Liebe, Erregung
grün	Fruchtbarkeit, Wasser, Heilung
blau	Luft, Geist, Kühle
violett	Äther, Anbetung Gottes
schwarz	Unterwelt
braun	Erde
gelb	Erde
Gold	Sonne
silber	Mond

Die heiligen Farben des hebräischen Volkes sind rot = Gott, weiß = Mensch und blau = heiliger Geist. Überlegen Sie einmal, welche Länder heute noch diese Fahnen tragen! Deutschland trägt z.B. die Fahne schwarz = Katholische Kirche, rot = Sozialisten (SPD) und Gold = Geld, das bedeutet, CDU und SPD regieren im Namen des Kapitals.

Nun wird mancher fragen, warum steht rot für Gott bei den Hebräern? Wir erwähnten schon an anderer Stelle, daß Abraham aus Ur stammte, wo die sexuellen Tempelkulte üblich waren. Eine kabbalistische Analyse des Namens Jehova bringt uns eine weitere Antwort: Im Zohar, einer alten hebräischen Schrift, wird Jehova geschrieben, als zusammengesetzt aus Jao und hova. Nun bedeutet Jao = Phallus und in hova steckt heve = eva = Vagina. Diese Lautverschiebungen kommen ständig vor. Hebräisch Jao, das O gibt es nicht als Buchstaben, bleibt Ja'

Ja = י = iod, Phallus, zusammengesetzt aus 4 iod 

aleph

iod = das Schöpfungsorgan, aus dem nach
althebräischer Meinung alles hervor geht.

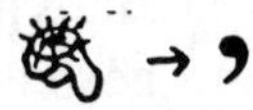

hova = heva = י ה ו א
iod he vau aleph

he = Schoß, Vagina ח → ה

vau= Liebe (he, Ursprung)

aleph= Befruchtung, die 4 iod im aleph stehen für
1. Vater 2. Mutter 3. Geist und 4. Kind:
Beginn des neuen Zyklus von Entstehen und Vergehen.

Unsere westliche Zivilisation wurde entscheidend vom Judentum und Christentum geprägt. Da ist es kein Wunder, wenn ein so ungeheures Gewicht auf Sex gelegt wird. Die ewigen Liebesfilme, die Schlager, die Wahl der "Miss Universum", die anmachende Reklame an jeder Ecke, die TV-Werbung, die über sexuelle Reize den Menschen auszubeuten versucht.

All das ist nichts anderes als die nur im äußeren Gewand veränderte Anbetung der Astarte oder Istar. Stammvater Abraham errichtete zum Zeichen seines Bundes mit Gott einen hohen Stein, ein Phallussymbol. So nimmt es nicht Wunder, daß sein Gott ein sinnlicher Gott war. Wenn wir die Geschichte von Abraham richtig deuten, dann war er offensichtlich ein Priester der Astarte aus Ur, der sich veranlaßt fühlte, seine alte Kultur zu verlassen, um eine neue Sekte zu begründen. Vielleicht hat es auch politische Schwierigkeiten gegeben und er mußte mit seinen Änhängern in die Wüste fliehen. Während in den Hochkulturen von Babylon und Ur die Frauen hoch eingeschätzt wurden und geschäftlich selbstständig waren, wurden sie später bei den Juden eher zu Gebrauchs- artikeln für die Vermehrung der "männlichen Rasse". Noch schlimmer wurde es später bei den Christen, die erklärten "die Frau schweige in der Gemeinde" (wie die Juden) und die Sex nur zum Zwecke der Fortpflanzung duldeten. Es steht den Juden und Christen schlecht an, sich bei der Vergangenheit über die Unmoral und die verwerflichen Sitten der "Heiden" zu ereifern.

Kommen wir zu dem Wort "sacrament", das "heilige Bündnis mit Gott". Sarc amentum kommt von "sarc" = Hodensack und "amen" so sei es! Seit der Zeit von Abraham war es bei den frühen Judenstämmen üblich, für einen wichtigen Eid dem Stammesältesten die Hand auf den Sack zu legen und bei seinem geheiligten Samen zu schwören, daß man ihm die Treue hält. Daher das immer noch in Schwaben beliebte Schimpfwort "heilig`s sarca" und "heilig`s Säckle" noch e mal!

Wir finden also in unseren Überlieferungen jede Menge Hinweise auf die kulturelle Tradition. Wenn wir lernen, diese Symbole und Signale zu lesen, dann verändert sich unser Weltbild. Ich sehe keinen Grund, diese alten Sitten zu verdammen. Ich bin ja kein Christ. Wenn etwas geschieht, auch wenn es uns noch so fremd erscheint, dann wird es schon seinen Sinn gehabt haben. Heute jedoch haben wir allen Grund, uns ein möglichst Wirklichkeitsnahes Bild von den fremden, vergangenen Kulturen zu machen.

Je besser wir unsere Vergangenheit verstehen, desto eher verstehen wir auch uns selbst.
Da man sagen kann, daß die mündliche Tradition der Hebräer mit Moses endet und mit der Übergabe der Gesetzestafeln die schriftliche beginnt, werfen wir schnell noch einen Blick hinüber nach Ägypten. Moses wurde in Ägypten geboren und in die Tempelgeheimnisse einge-weiht. Angeblich war er Jude. Zumindest brachte er den Juden seine Lehren, die in den Büchern Moses 1-5 in der Bibel enthalten sind und wovon 6 und 7 geheim überliefert werden. Zwar befindet sich solche geheimen Bücher auf dem Büchermarkt, aber es ist wohl zu bezweifeln, daß sie einen Teil der wirklichen Geheimlehre enthalten.
Nach seinem Namen Moses zu urteilen, war er ein Ägypter und vermutlich der uneheliche, nicht anerkannte Sohn eines Fürsten, vielleicht des Pharao (Tutmosis?) Auf Grund seiner Erbschwierigkeiten animierte er einen Teil der Juden, ihm zu folgen und gründete mit ihnen ein neues Volk.
Die "Plagen", die Gott über Ägypten kommen ließ, um sein Volk zu befreien, gehörten zum normalen Fachwissen ägyptischer Priester, wie man Wasser in Wein verwandelt (rot färbt), Wasser vergiftet, damit viele Frauen einen Abortus bekommen oder die Vögel tot von den Dächern fallen, - die ägyptischen Priester waren Fachleute in Chemie und Magie.
Aus den ägyptischen Geheimlehren entnehmen wir auch den Ursprung der hebräischen Schrift und speziell des Buchstaben -iod-. Es handelt sich um das "kleine Unaussprechliche", das Organ, daß bei der Zerteilung des Osiris durch seinen feindlichen Sohn Seth verloren ging, sein Penis mit Hodensack. An anderer Stelle wird es das "Auge des Osiris" genannt wird:

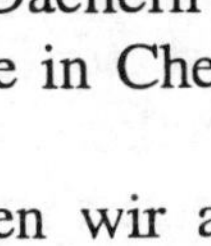

Die Juden und später die Christen legten gesteigerten Wert darauf, daß es nur einen Gott gibt. Aus den Tabellen weiter vorn wird schon deutlich, daß sie selbst viele Namen für die verschiedenen Formen Gottes hatten, außerdem jede Menge Erzengel, Engel und Geister. Es gab also eigentlich keinen Unterschied zwischen den verschiedenen Völkern. Die Engstirnigkeit, mit der sie behaupteten, ihr Gott sei der einzig richtige, ist allerdings einmalig. Wenn wir bedenken, daß Gott zu Mosis gesagt haben soll: "Du sollst keine anderen Götter neben mir verehren", dann ist das ein Widerspruch. Wenn es doch nur einen Gott gibt, welchen anderen könnte er dann verehren? Offenbar gab es doch andere, sonst wäre dieser Spruch völlig unsinnig.
Wenn Gott selbst nicht einmal weiß, daß er der einzige ist, wer denn dann? Wir müssen daraus schlußfolgern, daß Mosis Gott Jehova eben nicht wie behauptet "der höchste Gott" war, sondern eher ein niederer, eine andere Kraft. Vielleicht wurde diese Art der Einseitigkeit auch erst später von den Christen so dargestellt.

Gehen wir in unseren Betrachtungen weiter zu dem 5-zackigen Stern. Es ist das Zeichen des Menschen in der jetzigen materialistisch geprägten Zeit, der mit beiden Beinen fest auf der Erde verankert ist. Er hat den direkten Bezug zu Gott abgebrochen. Es ist der weiße Stern, der sich auf allen amerikanischen Panzern und Raketen befindet, und es ist auch der rote Stern, der sich auf allen russischen Panzern und Raketen befindet!
Es wird nicht jedem leicht fallen, diese Berichte zu glauben. Werfen wir einen Blick auf ein offizielles Dokument, auf die 1 $ - Note der Vereinigten Staaten.

Hier ist "Das Große Siegel" abgebildet. Darin lesen wir über der Pyramide "Annuit Coeptis = Dem Unternehmen zugestimmt", und darunter steht "Novus Ordo Seclorum = Der neue Orden der Auserwählten", dazwischen befindet sich das alte Zeichen der Geheimbünde, der Tempelorden Ägyptens, das Auge in der Pyramide, das "Auge des Osiris", das "iod". Bitte verwechseln Sie das Zeichen nicht mit dem "Auge des Horus":

Diese Pyramide hat 13 Lagen Steine, auf der anderen Seite des Siegels ist ein Adler, umgeben von 13 Pfeilen, 13 Beeren am Zweig und darüber 13 Sterne.

13 ist die Zahl des Todes im Tarot. In den USA war es die Zahl des Todes für die Rote Rasse. Das Schild des Adlers hat neben 13 waagrechten Streifen noch 6x3 senkrechte.

3 ist die Zahl für Vater, Sohn und heiliger Geist oder für Gott, Mensch und Geist. 6 ist die Zahl der Venus bzw. Istar. Die Zahl der Liebe. Die Zahl des alten sexuellen Tempelkultes. Und in den USA dreht sich immer noch alles um Sex.

Natürlich, kann man einwenden, wurden die USA gegründet, als es gerade 13 Staaten waren. Aber zufällig hatte Jesus 12 Jünger, das macht zusammen 13.

Außerdem gibt es natürlich 12 Sternzeichen, und die USA sind sicher der Mittelpunkt des Universums. Auch das macht gerade 13.
6 x 3 ist 18 = 1 + 8 = 9, das ist die Zahl des Mars (Numerologie). Mars hieß früher Jehova und war der Kriegsgott der Juden. 18 ist der Mond (Tarot) = verborgene Feinde, Gefahr! Mond war der Stern des Jehova, der Kriegsgott der alten Juden.
6 x 3 ist 18 - oder 666 - und 666 ist die Zahl des Tieres, wir wollen hier nicht die Apokalypse abschreiben, aber es sei dem Leser empfohlen, die Bibel noch einmal zur Hand zu nehmen und dort selbst nachzulesen. "In God they trust", ja, es ist der alte Gott Abrahams, Jehova, ein Kriegsgott für eine kriegerisches Land. Es ist der gleiche Gott, der Gott Abraham...Lincolns.
Ich möchte die Berichte über die Illuminaten nicht wiederholen. Sie wurden schon in genug anderen Büchern beschrieben. Und für einen bewußten Menschen, der bewußter werden und der vielleicht den Weg der Magie beschreiten will, sind die schrecklichen Berichte über eine geheime Steuerung der ganzen Welt durch Geheimbünde nicht von Bedeutung. Schon immer haben sich Menschen zu Interessenverbänden zusammengeschlossen. Wer sich einmischt, muß mit Schwierigkeiten rechnen.
Das kann jedoch nicht die Aufgabe eines spirituellen Menschen sein. Wer ernsthaft an einer Persönlichkeitsentwicklung interessiert ist, der sollte seine ganze Energie darauf konzentrieren, daß er seine eigenen Aufgaben löst! Das ist der beste Beitrag für eine positive Situation auf der Erde. Wir selbst entscheiden schließlich, wie sich die Erde entwickelt. Ich habe es oft genug betont.

Symbole umgeben uns Tag für Tag, und wir sollten uns darüber klar sein, daß sie direkt einwirken auf unseren Geist, auf die uns unbewußten Schichten unserer Psyche, auf unsere ganze Existenz.
Symbole in zahllosen Variationen werden von der Industrie für die Reklame benutzt, um uns zu verführen. Die Regierungen nutzen sie, um Wahlen zu gewinnen, wir selbst benutzen sie, um auf unsere Mitmenschen einzuwirken, über unsere Kleidung, die wir auswählen, unser Auto oder die Gestaltung unserer Wohnung.
Achten wir also drauf, womit wir uns umgeben. Wir beseitigen Objekte aus unserer Umgebung, die sich negativ auswirken. Wir beachten, wie wir uns kleiden was wir benutzen. So können wir eine Auswahl treffen und uns immer mehr mit Kraftobjekten umgeben, die unsere positiven Schwingungen aufnehmen und von denen in gewünschter Weise Schwingungen auf uns zurückzuwirken, um uns Kraft zu geben. Unsere Tatkraft wächst, unsere spirituelle Entwicklung wird beschleunigt, sie wird effektiver und zielgerichteter.

Abschließend möchte ich einige grundlegenden Symbole beschreiben, aus denen die meisten Zeichen aufgebaut sind. Wer sie kennt und aufmerksam ist, kann viele Embleme, Fahnen und Symbole durchschauen. Wir erkennen dann, wer die Urheber waren, die das Symbol geschaffen haben und was sie beabsichtigen.

1. Der Kreis ist ein Symbol des Geistes, allumfassend,
   ohne Anfang und Ende.

2. Das Dreieck ist ein Symbol des Willens.
a) mit der Spitze nach oben heißt es Achtung, also Aufmerksamkeit oder Gefahr, männlich. Jemand will sich durchsetzen.
b) mit der Spitze nach unten heißt es Stop, Aufmerksam sein, weiblich, Hingabe. Kann ein Angebot sein oder eine Abgrenzung.

3. Das Quadrat ist ein Symbol der Erde.
Materielle Welt, Aufgaben, Herrschaftsanspruch.

Entscheidend ist dann die Anordnung miteinander, ineinander oder untereinander / übereinander. Wer ist stärker, wer wird unterdrückt?

A) Der Kreis (Geist) umschließt alles, darin befindet sich als stärkste Kraft der Wille, er umschließt die materielle Welt und kontrolliert sie. Die Materiewelt spielt keine große Rolle, sie ist nur Mittel zum Zweck. Der Mensch lebt aus dem Geist.

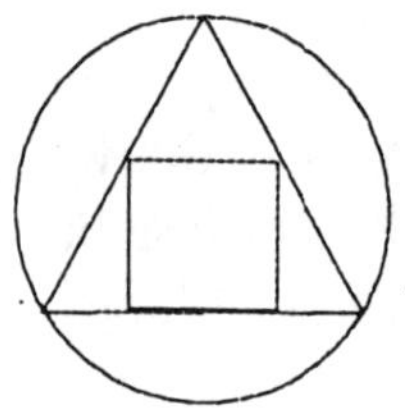

B) Der Geist umschließt die Materie, der Wille ist dem Geist, aber auch der materiellen Welt und ihren Anforderungen untergeordnet. Materie und Wille sind gleich stark.

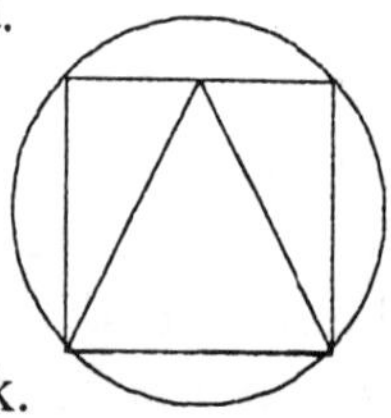

C) Der Wille kontrolliert alles, er hat sich die Materie unterworfen und der Geist ist nur Mittel zum Zweck oder gar nicht bewußt.
Der Mensch lebt aus dem 3. Chakra.

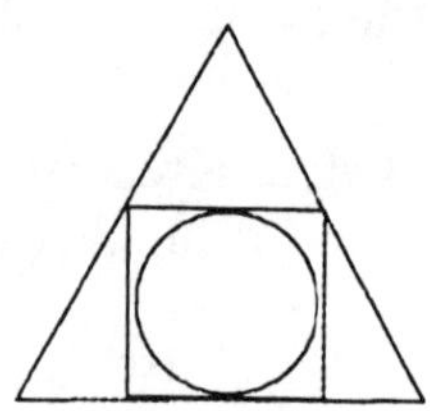

D) Der Wille kontrolliert alles, aber mit Hilfe des Geistes. Die Materie ist nur zweckdienlich. Der Mensch ist überheblich und auf sein Image bedacht.

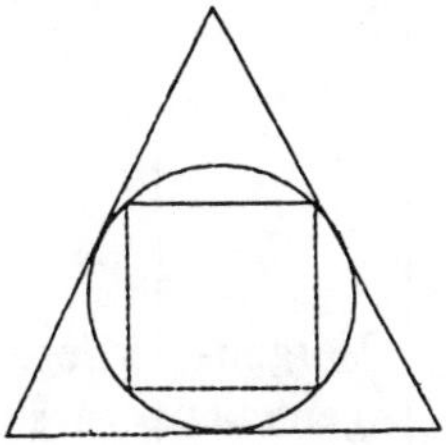

E) Die Materie beherrscht alles. Der Wille ist ihr unterworfen, und der Geist unterliegt dem Willen. Der Mensch lebt aus dem 1. Chakra. Konservativ, selbstherrlich.

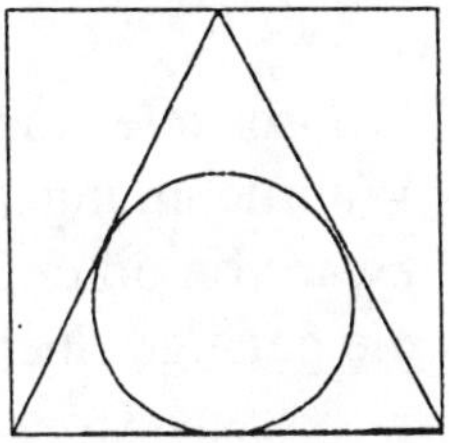

F) Die Materie beherrscht alles, nutzt jedoch den Geist und der Wille spielt die geringste Rolle. Konservative Menschen, die sich etwas auf ihre Religion einbilden.

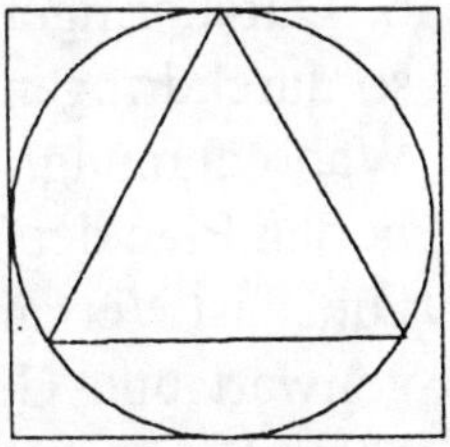

G) Natürlich kann es zu einer Durchmischung der Symbole kommen. Denken Sie diese Hinweise selbst weiter!

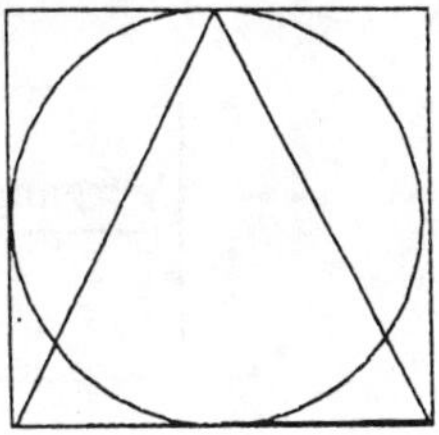

4. Drei oder mehr senkrechte Striche deuten an, daß hier verschiedene Kräfte zusammengekommen sind, z.B. 3 Fraktionen in der Politik. Dabei hat auf uns diese Anordnung stets den Charakter, daß der linke Strich Vergangenheit ist, der mittlere die Gegenwart und der rechte ist Zukunft.

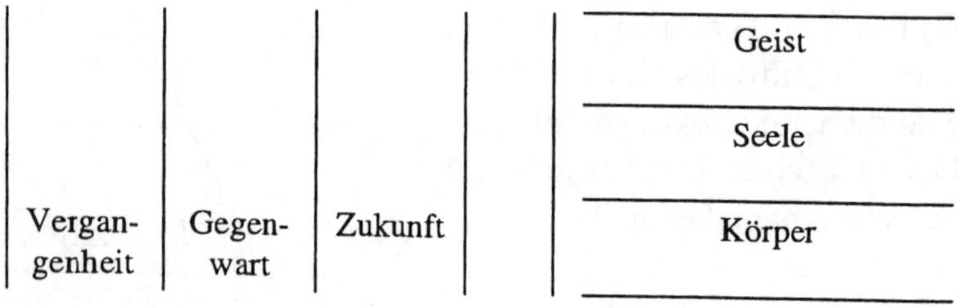

5. Drei oder mehr waagerechte Striche deuten für unsere Wahrnehmung an, daß verschiedene Ebenen vorliegen, und zwar von unten her die materielle Ebene, die seelische und die geistige Ebene.

6. Durchdringen sich senkrechte und waagerechte Linien, so durchdringen sich auch die verschiedenen Elemente der Wahrnehmung. Wir erhalten auf diese Weise einen detaillierten Plan der Wahrnehmung und der Zuordnung.
Die 1 ist Vergangenheit und materielle Welt, die 2 ist Gegenwart und Gefühlswelt, die 3 ist Zukunft und geistige Welt. Die anderen Fächer können Sie selbst zuordnen.

Vergangenheit	Gegenwart	Zukunft Geist 3
	2	Seele
1		Körper

Nach diesem Muster können Sie nun Symbole zerlegen, untersuchen und erkennen, was für Beweggründe die Urheber hatten.
Es gibt noch vieles zu entdecken. Mein Anliegen ist es, Ihnen Handwerkszeug für eine neue Betrachtung der Welt zu

vermitteln. Daraus läßt sich sehr viel machen. Mit Hilfe dieser Informationen können Sie jetzt auch aus anderen Büchern über Symbolik oder Tarot mehr herausholen.
Wir sollten uns nicht auf einer Erkenntnis ausruhen. Alles ist ständiger Wandlung unterworfen. Alles fließt ständig. Das Wissen und Forschen wird hier auf Erden wohl nie ein Ende haben.
Wenn wir erstarren und nicht mehr mitgehen, wird uns das Schicksal vorwärts stoßen. Bleiben wir flexibel, dann macht das Leben sehr viel Freude.

Die Texte in diesem Buch sind Spuren im Netz der Maya, Visionen eines Träumers. Die logische Weiterführung dieses Wissens ist die Magie. Um in dieses faszinierende Gebiet einzudringen, habe ich ein weiteres Buch geschrieben. Es erscheint im Herbst 2000.

Wer mich in allem sieht und alles in mir sieht,
der ist nicht verloren!

Krischna, Bhagavat Gita

Nur wer nicht mehr nach Befreiung verlangt,
ist frei.

Yogavasistha

Verstehe die Welt,
und die Welt wird Dich verstehen.

Sat nam

Geschrieben in den Wind, der überall weht...

Den Geheimnissen des Lebens auf der Spur

1976 - 2000

25 Jahre Spirituelle Forschung & Entwicklung
25 Jahre Energytraining & Lebenshilfe
15 Jahre Kyborg Institut
11 Jahre Kyborg Energiepyramiden
Magische Kunstobjekte - Edle Kristalle

Der Autor dieses Buches befaßt sich seit Januar 1976 hauptberuflich mit der Erforschung der Grenzgebiete menschlichen Wissens. Daraus ist ein spiritueller Weg zur Entfaltung einer neuen Kreativität geworden.

1999 war das Jahr der Entscheidung! Am 31.7.1999 wurde in Südfrankreich in den französischen Pyrenäen die größe Anlage mit Energiepyramiden errichtet, die auf der Erde existiert. Dieses gewaltige Projekt ist das Ergebnis einer konsequenten Arbeit mit den spirituellen Methoden, die der Autor in seinen Büchern schildert: Alles ist möglich, wenn wir es beharrlich anstreben und verwirklichen. **Kyborg - Doppelpyramiden** sind das Ergebnis einer langen Suche nach ganzheitlichen Energiekonzepten, die das Bewußtsein und die Chakras des Menschen einbeziehen.

Es gibt viele Gründe, sich Sorgen zu machen. Statt dessen sollten Sie lieber nach der Quelle des Lebens suchen. Entdecken Sie Ihre eigene verborgene Quelle der Kraft! Gewinnen Sie Ihren Glauben an das Gute zurück! Das Licht der Erkenntnis scheint in den Herzen der Menschen und nicht im geschulten Kopf. Wenn wir das Licht wieder entdecken, dann scheint es auf unseren Weg, zeigt uns die guten Seiten des Lebens, offenbart uns die Geheimnisse unserer Herkunft und wir erkennen, was unsere Aufgabe ist. Das Licht der Erkenntnis ruht in Dir selbst. Und die Energiepyramiden des Horus können es erwecken, wenn Du dafür bereits bist.

Mit den Methoden des Autors und mit den Energiepyramiden des Horus kannst Du 8 Stufen der Erkenntnis emporsteigen. Dafür wurden diese Methoden entwickelt:

1. Stufe: Gesundheit für Körper und Seele, Leben in Harmonie, innerlich zur Ruhe kommen und Vertrauen finden.

2. Stufe: Die innere Kraft aktivieren, Verantwortung übernehmen und das Leben aus freien Stücken selbst gestalten.

3. Stufe: Die Vergangenheit aufarbeiten, sich lösen aus den Verstrickungen früherer Leben und endlich neu beginnen. Lebe von nun an hier und jetzt!

4. Stufe: Kontakt herstellen zu den Lichtwesen, die wir eigentlich sind. Die göttliche Kraft ruht in Dir. Laß es geschehen, setze sie frei, öffne Deinen Geist für neue Einsichten in die Geschicke der Menschheit!

5. Stufe: Liebe das Leben in all seinen Formen. Die Offenbarung des Lebens ist alles was uns bewegt. Leben hat so unendlich viele Formen. Übe Dich in Toleranz, akzeptiere das Unbekannte. Überwinde Deine Angst vor dem Fremdartigen.

6. Stufe: Greife nach den Sternen! Befreie Dich vom irdischen Zwang. Laß alle Begrenzungen fahren und sei endlich Du selbst! Das ist der Weg, der Dich über alles hinausführt, was Dich heute noch behindert. Die neue geistige Freiheit verbindet Dich mit allem, was es wert ist, geliebt zu werden. Das ist der Prüfstein, ob Du es wert bist aufzusteigen. Das Licht der Erkenntnis ruht in Deiner Seele, laß es heraus, setze es frei!

7. Stufe: Werde Eins mit Allem! Unendliche Weiten tun sich auf. Vergiß die Angst, mache Dich auf zu neuen Ufern. Hier gibt es

keine Schranken, nur neue Weiten. Halte Dich fest am Rahmen Deiner Existenz. Laß die Energie fließen, die Dir schon immer zu Diensten war, ohne Daß Du es zu würdigen gewußt hast, laß sie fließen! Sie fließt jetzt nur für Dich. Und gerade weil sie nun endlich für Dich allein fließen darf, werden alle davon profitieren, die je davon gehört haben. Diese Erkenntnis wird alles revolutionieren, was Du je erlebt hast.
Es ist das Ende der Furcht, die Eure Herzen beklemmt, die euren Geist erniedrigt und Euren Mut hemmt. Mache Dich auf zu neuen Ufern der Glückseeligkeit. Es ist der Weg, der Dich über alles hinausführt, was Du jemals erlebt hast. Auf diesem Weg werden Welten geboren und Rassen erschaffen. Neues Leben entsteht. Die Formen ändern sich. Die Wege gliedern sich auf. Es gibt so unendlich viele Möglichkeiten, dieses irdische Leben mit positivem Inhalt zu füllen: Tue es jetzt!

8. Stufe: Entscheide Dich für den Weg der Liebe und der Zuversicht. Glaube an Dich. Ich tue es auch. Du bist gut. Laß es geschehen, daß Deine Sorgen und Krankheiten von Dir abfallen wie alte Blätter im Wind wenn der Herbst kommt. Dieses Leben wurde Dir gegeben, um eine Chance zu verwirklichen. Das Leben muß Dir keinen Kummer bereiten. Laß Deinen Kummer los und vergiß die Angst. Dieses Leben ist ein Geschenk des Höchsten. Du solltest Dich nicht mehr länger im Kummer erniedrigen. Mache dich frei. Wirf die alten Decken weg, den Kummer der Kriege, die Sorgen, die Not, die lange schon vorbei ist. Du leidest vielleicht noch, aber es ist bedeutungslos geworden. Es ist erledigt. Dein neues Leben beginnt jetzt in diesem Moment. Es beginnt jetzt, wenn Du es sagen und glauben kannst. Sprich folgende Worte aus:

"Es ist mein Leben! Ich nutze es gut!"

Wir sind da, um Dir zu helfen. Wir sind für Dich da. Und doch mußt Du es selbst tun. Lege die Vergangenheit ab. Nutze die Energiepyramiden, um Deine Gedanken zu reinigen. Konzentriere Dich darauf. Konzentriere Dich auf Deine Lebensenergie. Sie ist da. Fasse neuen Mut. Es geschieht gerade jetzt, in diesem Moment, wo Du meine Worte liest.
Sage Deiner Seele: **"Es sei Frieden!"**
Und es ist Frieden. Wiederhole von nun an jeden Tag in einem Moment der Besinnung diesen Auftrag. Programmiere Dich auf Frieden, Gesundheit und Erfolg:

"Es ist Frieden in meiner Seele. Mein Herz ist stark und gesund. Das Leben liebt mich. Ich bin ein guter Mensch und lebe jetzt mein eigenes Leben."

"Für den unwissenden Menschen bedeutet diese Welt eine Menge Unlück. Für den Wissenden ist sie reine Wonne. Für den Blinden ist die Welt Dunkelheit. Für den Sehenden ist sie Licht!" Yogavasistha

Die neuen 4 Gebote

Reinheit der Seele ist das 1. Gebot

Liebe zum Nächsten ist das 2. Gebot

Gnade dem Bösen ist das 3. Gebot

Rechtschaffenheit auf Erden und im Himmel ist das 4. Gebot

Licht auf dem Weg wünscht Jhnen
D. Harald Alke

Inhaltsverzeichnis

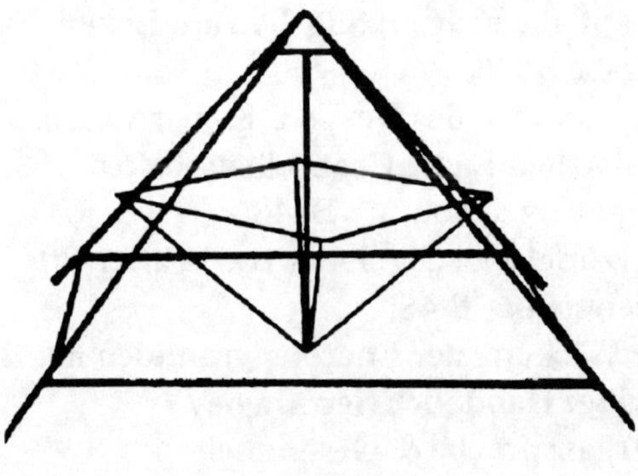

Im neuen Jahrtausend werden alle Bücher und Kassetten überarbeitet und neu herausgegeben, die bisherigen Kassetten z.T. als CDs, Preise in DM, Stand 1.2.2000, Änderungen vorbehalten!

Lebensfreude & Erfolg durch Autogenes Training und Psychokybernetik B & 2 CD 68,-
Gesunder Schlaf & Psychokybernetik B & CD 44,-
Energytraining I. mit CD Mantras 68,-
Energytraining II. mit CD Shankaranama 68,-
Die Ethik des Neuen Menschen B 3. Auflage 20,-
ZEN Die Kunst zu lenken ohne zu denken B 26,-
Die Stufen des Pranayama: Das Geheimnis von Atmung und Konzentration B 20,-
Einführung Esoterik: Numerologie, Kabbala und Tarot B 36,-
Das Erfolgskonzept B 17,-
Kristallstäbe - Channelbotschaften zur Wirkung 10,-
An goldenen Fäden hängt die Welt
SF-Fantasy B 20,-
Transferstation Anggmaggsalik SF-Fantasy B 18,-
Trivium Charantis SF-Fantasy B 16,-
Die Plasmamassage B 17,-
Energie für Millionen -
Ungeahnte Reserven nutzen! B 44,-
Die Antwort auf alle Fragen: Sag JA zum Leben!
Geschenkausgabe B 26,-
Die Energiepyramiden des Horus B 8,- nurAusland
Botschaften aus dem Licht, Channelbotschaften
von Horus, Jupiter & Junow B 48,-
I Ging - Das Würfelspiel der Götter B + Würfel 20,-
Der Pyramidenmann - B 48,-
Handbuch & Wirkung der Energiepyramiden nur Export 38,-
In Vorbereitung: Handbuch der Magie /
Handbuch Organsprache & Gesundheit

CDs 28,-, Kassetten 20,- DM

Tempel des Lichtsdie Zwiesprache mit dem inneren Ratgeber
Lebensplanung: Das eigenen Leben sicher planen & innere Sicherheit erlangen; CD 28,-, Buch 17,- DM, zusammen in Schmuckkassette 44,- DM
Thule, Stadt der goldenen Meere, Reincarnationserfahrung life
Suggestionstraining mit Psychokybernetik: Spielend leicht lernen & Gutes Gedächtnis und optimale Konzentration
Shankaranama uvaca:
Der Weg der absoluten Erkenntnis, Dhyanayoga
Astralreise, Kontakt zu den Sternenwesen & zu Dir selbst
Reise zum Ursprung des Universums,
Meditationserfahrung life, 90'

Mata Mahani Tee, Gewürzkräutertee 100g 12,80

Energiepyramide A 650,- **Energiepyramide B** 2.600,-
Energiepyramide C aus Edelstahl V2/A____oder Messing___ incl. Füllung aus Bergkristall___ Rosenquarz___oder Amethyst___, 3.800,-, andere Edelsteine auf Anfrage!
Kristallstäbe für Pyramide B und für magische Rituale: extra Liste anfordern! z.B.: Bergkristall 148,-, Citrin 198,-, Amethyst 198,-, Topas 298,-, Turmalin 298,-, Rosenquarz 148,-, Smaragd 298,-, Granat 298,-, Saphir 348,-, Opal 398,-, Rubin 348,-, Änderungen vorbehalten!

Dimensionstore, kleine ab 280,-, große ab 1.800,- nur Einzelanfertigungen, Handarbeit, zugeschnitten auf den Benutzer.

Kunstobjekte und magische Zepter:
Sie werden intuitiv von mir selbst von Hand gefertigt. Sie müssen zu einem Menschen passen. Es muß eine Affinität entstehen. Am Besten im Kyborg Institut anschauen, fühlen, testen und dann entscheiden. Unterschiedliche Preise.

Besichtigung im Kyborg Institut nach Vereinbarung!